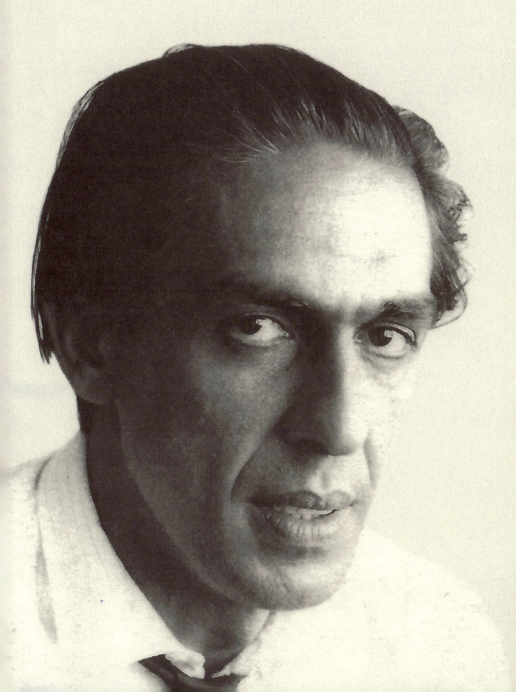
Rio de Janeiro, 1966.

Rio de Janeiro, 1956.

Foto para documento falso utilizado no exílio. Início dos anos 1970.

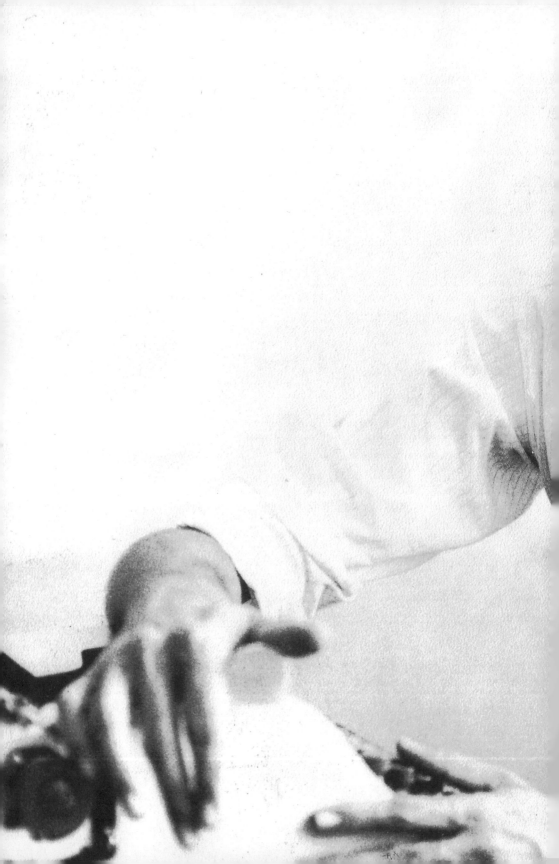

Rio de Janeiro, anos 1960.

Toledo, 1968.

Buenos Aires, 1976.

Buenos Aires, 1976.

autêntica

FERREIRA GULLAR Autobiografia poética
e outros textos

1ª reimpressão

16	**Autobiografia poética**
76	**Entrevistas**
77	O poeta fala de poesia
89	As bibliotecas do poeta
106	**Textos sobre poetas**
107	Rimbaud: eu é um outro
124	O enigma Fernando Pessoa
146	César Vallejo, o sopro novo
154	**Sobre o autor**

Buenos Aires, 1975.

Autobiografia poética

"Enfim, o que é o espanto que faz
nascer o poema? É a súbita constatação
de que o mundo não está explicado
e, por isso, a cada momento, nos põe
diante de seu invencível mistério. Tentar
expressá-lo é a pretensão do poeta."

É difícil entender claramente o que nos leva a tomar este ou aquele rumo na vida. Por exemplo, quando tinha doze ou treze anos de idade, roubava copos em botequins e lanchonetes no Centro de São Luís. Meus companheiros nessas travessuras tinham mais ou menos essa mesma idade, e nenhum de nós se tornou ladrão para o resto da vida. Eu me tornei escritor; o outro, jogador de futebol; e o terceiro extraviou-se, entregando-se à maconha e depois à cocaína. Se não sei o que me levou a praticar aqueles pequenos delitos, tampouco sei por que, aos treze anos, abandonei a molecagem para dedicar-me à literatura.

Seria mais fácil de explicar se alguém na minha família se interessasse por livros. Nada disso, a única coisa que se lia em minha casa eram histórias em quadrinhos e revistas de contos policiais, leitura predileta de meu pai. Nós, crianças, líamos as histórias do Super-Homem e de Batman, o homem-morcego. Não havia nada, ali, que me encaminhasse para a literatura e muito menos para a poesia.

Não obstante, aconteceu. O elogio que a professora de português fez a uma redação que escrevi como dever de casa levou-me a pensar que eu poderia escrever melhor, mas nem de longe supus que poderia tornar-me escritor. Passei a ler gramáticas para aprender melhor a língua e tirar notas mais altas no colégio. Foi numa dessas gramáticas que descobri a poesia: na *Gramática expositiva* de Eduardo Carlos Pereira havia, no final, uma pequena antologia da poesia de língua portuguesa, que vinha de Camões a Ronald de Carvalho, passando por Gonçalves Dias, Castro Alves e Raimundo Correia.

Não sei bem que impressão aqueles poemas me causaram, mas a verdade é que me interessei por eles e procurei ler outros versos daqueles poetas. Nessa mesma ocasião, no jornalzinho que os alunos passaram a publicar, li um poema escrito por um deles e isso talvez me tenha motivado a também escrever. Não lembro claramente.

Tampouco me lembro de qual foi o primeiro poema que escrevi. Era certamente ruim, como outros que perpetrei naquele período. Foi também nessa época que me enamorei de uma garota, irmã de um amigo, que morava na mesma rua de minha casa, próximo à quinta dos Medeiros. Para ela, escrevi alguns daqueles poemas ruins, que copiava num caderno que felizmente se perdeu. Não sei se cheguei a mostrá-los a alguém. A verdade é que Dodô, meu irmão mais velho, veio me perguntar, preocupado, se eu de fato pretendia tornar-me poeta. Respondi que sim, e ele então me alertou para o perigo que poderia correr, uma vez que os poetas em geral enlouqueciam, como era o caso do sujeito que, num casarão próximo a nossa casa, costumava berrar na janela coisas incompreensíveis que diziam serem poemas. Tranquilizei-o garantindo-lhe que eu, de maluco, não tinha nada.

É certo, porém, que também não tinha muita clareza do que era o mundo e muito menos o mundo literário. Como os poetas que lera na *Gramática expositiva* já tinham morrido, pensava que não havia mais poetas vivos no mundo.

Quanto ao resto, sabia das notícias sobre a Segunda Guerra Mundial e do embarque de tropas brasileiras para lutarem na Itália. Depois veio o fim da guerra, que fez sentir-me aliviado, pois temia que um avião nazista viesse a bombardear nossa cidade. É que meu pai, na quitanda, em conversa com os fregueses, vivia com o rádio ligado ouvindo o noticiário sobre o conflito e dizia que as descargas que se ouviam eram das batalhas que se travavam na Europa.

Foi então que minha irmã Consuelo me disse que o pai de sua amiga Iracema era poeta e queria me conhecer. Isso me causou espanto, pois acreditava que todos os poetas já tinham morrido. Ainda assim, por insistência dela, fui encontrá-lo em sua pequenina casa, ali perto, no final da rua dos Afogados, a poucas quadras de onde morávamos.

Não parecia um poeta. Pelo menos, nada tinha da imagem que eu fazia deles, de olhar romântico e basta cabeleira, como Castro Alves e Lord Byron. Aquele era um poeta da realidade banal, sentado numa pequena cadeira de pau, vestido numa camisa de mangas curtas que lhe deixavam à mostra os braços magros. Seu ídolo era o poeta português Guerra Junqueiro, de que eu mal ouvira falar e cujos versos ele sabia de cor. "Eu era mudo e só na rocha de granito./ Sobre a minha fronte a sombra do infinito", declamou ele. Eram versos alexandrinos, com cesura, conforme vim a saber mais tarde, lendo o *Tratado de versificação*, de Olavo Bilac, que o poeta me emprestou.

O nome desse poeta, que se tornaria meu amigo e a quem devo tanto, era Manuel Sobrinho, e foi graças a ele que me iniciei na vida cultural da cidade. Mal imaginava que, ali perto, a poucas quadras da minha casa, a praça João Lisboa, em cujos bares andei roubando copos, era frequentada por poetas e escritores, que se tornariam meus amigos e companheiros de aventura literária.

Para minha surpresa, um poeta cinquentão como Corrêa de Araújo convivia com poetas jovens de minha idade, bebia cerveja com eles no Moto Bar, rindo e falando sacanagens. Havia também os pintores, com os quais me relacionei dado o meu interesse pelas artes plásticas, que permanece até hoje. Um deles, Pedro Paiva Filho, era dono de uma pequena loja de móveis na rua do Sol, perto da praça João Lisboa, que se tornaria o ponto de encontro da turma. As poltronas, postas ali para a venda, tornavam confortáveis esses encontros que às vezes duravam tardes inteiras. Como não havia galerias de arte em São Luís, os pintores exibiam suas telas nas vitrinas de lojas de roupas ou de farmácias.

Esse setor de nosso meio cultural ganhou vida nova com a vinda de Sebastião Zaque Pedro, pintor maranhense, radicado no Rio de Janeiro, que ganhara aquele ano o importante Prêmio de Viagem pelo País. Logo constatei que a qualidade de sua pintura era bem superior à de nossos companheiros. Ele, infelizmente, com pouco mais de um ano em São Luís, adoeceu gravemente e morreu. Havia também um pintor mais velho, Telésforo Rego, de estilo acadêmico e que odiava a pintura moderna. "Eles gostam é de Picasso", dizia ele, num trocadilho de mau gosto com o aumentativo da palavra "pica" – picaço, órgão sexual masculino.

Além da Academia Maranhense de Letras, havia o Centro Cultural Gonçalves Dias, que promovia aos domingos de manhã recitais de poemas na sede do Grêmio Lítero Recreativo Português, que ficava na praça João Lisboa. Cheguei a declamar poemas meus numa dessas sessões. Nessa época, me tornei locutor da Rádio Timbira do Maranhão, o que me possibilitou juntar algum dinheiro para, com ajuda das economias de minha mãe, publicar meu primeiro livro de poemas: *Um pouco acima do chão* (1949).

Aquela era uma geração inteligente e talentosa, e, para minha sorte, tornei-me parceiro de Lago Burnett, de minha idade e também poeta, nas revistas que editamos. Revistas pequenas para publicarmos nossos poemas e dos companheiros. Burnett e eu tínhamos formação parnasiana, caprichávamos na elaboração de sonetos, nos versos decassílabos e até nos dodecassílabos, com cesura e tudo o mais. Já José Sarney e Bandeira Tribuzzi, na revista *A Ilha*, iam em busca da poesia moderna, de versos livres e temas mais atuais. Mas ainda assim éramos amigos e nos encontrávamos fosse na Movelaria Guanabara, fosse num dos bares do Centro da cidade.

Ao lembrar-me daquela época, vejo que não tinha uma noção muito clara de meu trabalho de poeta, das questões implicadas nele. Fui aos poucos me afastando da visão conservadora da poesia, voltando-me para assuntos mais cotidianos, como o meu quarto com a escrivaninha, a rede e meus livros. A descoberta de poetas como Manuel Bandeira, Carlos Drummond de Andrade e Murilo Mendes contribuiu para essa mudança em meu modo de escrever poemas. Devo acrescentar a leitura de um livro que me revelou os modernos poetas portugueses, como Fernando Pessoa e Vitorino Nemésio. Trata-se de uma antologia organizada por Cecília Meireles, intitulada *Modernos poetas portugueses*.

Meu primeiro livro de poemas lembra em alguns momentos a poesia da primeira fase modernista, com temática nacional; em outros, expressa um otimismo ingênuo com relação à poesia e à vida. É um livro imaturo, ainda que escrito com muita entrega e entusiasmo. Depois de publicá-lo deu-se a mudança que determinaria o curso de minha poesia no futuro.

Muitos fatores contribuíram para esse salto, mas não sei precisá-los. Durante algum tempo, identificava esse salto com a compra que fiz, num sebo, de alguns livros, entre os quais um volume encadernado de contos de E.T.A. Hoffmann. Quando cheguei em casa e comecei a folhear o livro, verifiquei que estava tomado de fungo, que lhe manchava as páginas. Aquilo me levou à seguinte reflexão: quando teria Hoffmann imaginado que os seus contos estariam um dia sendo vendidos num sebo em São Luís do Maranhão, e num volume tomado de mofo? Mas curiosa foi a conclusão que tirei desse fato e que, aparentemente, não tem relação com ele: "A literatura só terá sentido se mudar alguma coisa, nem que seja a minha própria vida".

Que pretendi eu dizer com isso? Talvez, de alguma maneira, aquele livro mofado de um escritor famoso tenha despertado em mim a necessidade de atribuir a meu trabalho poético uma significação maior do que o simples interesse literário. Pode ser que, então, tenha tomado consciência da importância que a literatura deveria exercer em minha vida. Não significa que, naquele momento, haja descoberto o rumo que deveria imprimir a ela, e sim tão somente, que me entregar à poesia seria o meu destino. Era como se, até então, escrever poemas fosse o exercício de certo talento que trouxera do berço; agora, tornar-se-ia o verdadeiro sentido da vida. Mas, que poesia fazer, isso eu não sabia.

O ano de 1950 foi decisivo para a vida do país, quando se defrontaram as duas principais forças políticas nacionais: o getulismo e o udenismo. Getúlio Vargas, que fora deposto em 1945, pelas forças udenistas, voltara a candidatar-se à presidência da República, tendo como adversário o brigadeiro Eduardo Gomes, candidato da UDN.

O radicalismo dessa disputa chegou ao Maranhão, cujo governador apoiava o candidato udenista. Foi então marcado um comício em favor da candidatura de Vargas, com a presença de Adhemar de Barros. Para esvaziar o comício, o governador proibiu que ele se realizasse na praça João Lisboa, local onde habitualmente se faziam tais manifestações. Mandou fechar a praça por tropas policiais e determinou que a manifestação se fizesse noutro local, o que ocorreu. Só que, terminado o comício, a massa que dele participara decidiu acompanhar Adhemar de Barros até o hotel onde estava hospedado, próximo à praça João Lisboa, e, desse modo, a invadiu. A polícia militar atirou nesses manifestantes e matou um deles, um operário. Eu vi quando isso aconteceu, pois entrava na praça naquele momento, a caminho dos estúdios da Rádio Timbira, para trabalhar. No dia seguinte, ao chegar à emissora, encontrei sobre minha mesa, para que a lesse, uma nota do governador afirmando que "os comunistas haviam assassinado, na noite anterior, na praça João Lisboa, um operário". Neguei-me a ler a nota e, por essa razão, fui demitido.

Em face disso, o partido de oposição me contratou para trabalhar na sua campanha eleitoral e, para isso, viajei para o interior do estado. Deveria fazer a campanha eleitoral na região conhecida como agreste maranhense, onde se situa Pastos Bons e São João dos Patos. Terminada a campanha, me desliguei dos políticos e voltei à poesia.

Após ler meu primeiro livro de poemas – *Um pouco acima do chão* –, um intelectual maranhense que morava no Rio me enviou de presente *As elegias de Duíno*, de Rainer Maria Rilke, traduzidas para o espanhol.

A leitura desses poemas foi para mim uma revelação do que era a verdadeira poesia. Seria simplificar demais dizer que a poesia que escrevi depois resultara de algum modo dessa leitura. Na verdade, o conhecimento da poesia de Rilke me levou a reflexões sobre a poesia, início de um processo que, em última instância, deu origem a alguns dos poemas de *A luta corporal*, escrito entre 1950 e 1953.

De início, adquiri uma nova consciência da questão poética, embora não visse de imediato que aquele desenvolvimento ocorreria. Num primeiro momento, deu-se uma espécie de acerto de contas com o passado, na série intitulada *Poemas portugueses*, quando, por assim dizer, me despedi do verso medido, regular, e das rimas inevitáveis. Depois dessa série, entreguei-me a uma espécie de aventura imprevisível, em que o poema foi tomando forma e significação, para minha surpresa e alegria.

Não havia, portanto, um rumo definido, um objetivo a alcançar. O objetivo se definia na medida mesma em que surgia e passava a guiar-me porque tentava concretizá-lo. Nesse jogo de tentativas, erros e acertos, algumas provisórias certezas se impuseram, mas sujeitas a desaparecer ou mudar. Ora escrevia versos que se estruturavam em combinação com o branco da página, jogo de palavras e silêncio; ora abandonava esse rumo e escrevia poemas em prosa, desafiando a lógica do discurso; depois voltava ao verso, mas noutro estágio da experimentação, da aventura. Deve-se entender, porém, que essa é a visão que tenho hoje do que ocorreu então; naquele momento, apenas vivia a experiência sem me preocupar em entendê-la.

No começo de 1950, ocorreu um fato que teria influência decisiva sobre meu futuro: a vinda a São Luís de Lucy Teixeira, que ali nascera mas morava no Rio. Escritora talentosa e também, como eu, interessada em artes plásticas, trouxe para que eu lesse a tese com que Mário Pedrosa concorrera recentemente à cátedra de Estética e História da Arte do Colégio Pedro II, no Rio de Janeiro. A tese se intitulava *Da natureza afetiva da forma da obra de arte* e se baseava na teoria da Gestalt, o que era um fator novo no entendimento da expressão no terreno das artes plásticas.

Lucy e eu nos tornamos amigos e mesmo depois que ela voltou para o Rio nos mantivemos em contato. Esse foi um fator importante para que me decidisse a deixar minha cidade e mudar-me para a que era então o centro cultural e artístico do país. No ano seguinte, vendi as poucas coisas que possuía, juntei um pouco de dinheiro e, num avião da Lloyd Aéreo, voei para o Rio de Janeiro, disposto a dedicar-me inteiramente à arte e à literatura.

Foi uma opção correta. O apartamento de Mário Pedrosa, crítico de arte muito prestigiado – ainda que polêmico –, era o ponto de encontro de jovens artistas plásticos que, sob sua liderança, mudaram o curso da arte brasileira. Ali surgiu o movimento que deu origem à arte concreta, provocando a ruptura com a tradição modernista surgida nos anos 1920.

Embora minha concepção de arte – ainda que indefinida – envolvesse experiências diversas da arte concreta, as circunstâncias me levaram a aceitar a tese defendida por Pedrosa e a que aderiram os jovens artistas que lhe frequentavam a casa. A verdade, porém, é que dei curso à minha própria busca poética, que me levaria a mergulhar num universo semântico e formal situado nas antípodas da linguagem geométrica da arte concreta.

Não sei ao certo a data, mas, no começo dos anos 1950, caiu-me nas mãos a *Histoire du surréalisme*, de Maurice Nadeau, que li com muito interesse. Certamente já sabia do movimento surrealista, tinha lido a respeito, mesmo porque Mário Pedrosa convivera com alguns de seus representantes, especialmente com Benjamin Péret, que viera para o Brasil nos anos 1930 e casara-se com Elsie Houston, irmã de Mary, mulher de Mário. Conheci pessoalmente Péret, que não era um sujeito muito simpático. Aconteceu que ele, ao voltar ao Rio em 1955, foi detido, pois sua prisão havia sido decretada – não sei por que razão – na primeira ocasião em que aqui estivera. Parece que manteve relações com algum comunista da Intentona de 1935. Como em 1955 eu trabalhava na revista *Manchete*, então dirigida por Otto Lara Resende, este me mandou entrevistá-lo, a pedido de Pedrosa, na Central de Polícia da rua da Relação, prisão onde se encontrava. Era uma tentativa de livrá-lo daquela encrenca. Mais tarde, já libertado, encontrei-o na casa de Mário e mal trocamos palavra, já que ele não era de muita conversa.

Mas meu interesse pelo surrealismo era anterior a isso. Achava as ideias de André Breton muito inovadoras e estimulantes da criação artística, o que, aliás, era próprio de todo aquele movimento. Li com interesse os manifestos de Breton, seus poemas e de outros poetas do grupo, mas nunca pretendi fazer poesia surrealista. De qualquer modo, algumas das ideias deles influíram no meu modo de conceber a criação poética. Essa valorização dos fatores inconscientes ou não racionais me veio deles, embora não desejasse segui-los. Aliás, um dos postulados surrealistas, o automatismo psíquico, me parecia uma proposta inconsequente, porque impraticável.

A ideia dos surrealistas consistia em tentar escrever fora do controle da razão, daí a denominação de "escrita automática". Esse procedimento consistia em lançar uma palavra qualquer numa página em branco e, sem refletir, a partir dela, deixar fluir a escrita. Se a certa altura essa fluência automática cessasse, o poeta deveria escrever outra palavra qualquer e retomar o discurso automático. Mera teoria, uma vez que se trata de um procedimento simplesmente inviável. Por isso mesmo, nenhum surrealista a pôs em prática.

Aliás, sem pretender inventar nenhum tipo de escrita automática, inventei um procedimento que, se não se vale do automatismo, consegue produzir um texto fora de todo e qualquer controle racional. Fiz isso para concluir o livro *Crime na flora, ou Ordem e progresso* (1986), algum tempo após a implosão da linguagem no final de *A luta corporal* (1954), que me deixou impossibilitado de escrever. Levei meses elaborando esse texto arbitrário e não sabia como concluí-lo. Foi então que me ocorreu o seguinte: comecei a escrever uma história absurda com tinta vermelha, deixando entre as linhas espaço suficiente para outro texto. Terminada essa primeira história, passei a escrever outra, com tinta verde, nas entrelinhas da anterior e, depois, datilografei tudo junto, como se fosse um texto só. Disso resultou, naturalmente, um texto incongruente, já que as frases de uma linha se juntavam à da linha seguinte, que pertencia à outra narrativa.

Voltando a 1950, quando comecei a escrever os poemas de *A luta corporal,* lembro que, em meio a tentativas e descobertas, deparei-me inesperadamente com uma evidência: a experiência que me conduzia a escrever o poema era algo novo, enquanto a linguagem em que a expressava era velha. A única maneira de superar essa contradição – concluí eu então – era que a linguagem nascesse ao mesmo tempo que o poema. Essa interiorização da técnica pretendia fazer com que o nascimento do poema fosse equivalente ao do fruto de uma árvore: produto perfeito e natural, veículo e resultado de uma elaboração profunda, insondável. E mais que isso, porque o fruto é igual a outro fruto, enquanto o poema, cada poema, devia ser único e inconfundível. Era como se a linguagem não existisse antes do poema: a feitura do poema seria a invenção da própria linguagem, que nasceria com ele, nova, sem passado.

Foi uma constatação que me iluminou por um instante, como uma espécie de revelação, mas não tentei levá-la à prática de imediato. Nem sabia como fazê-lo. De qualquer modo, essa necessidade se mantinha subjacente a cada poema que escrevia. A leitura de *A luta corporal* mostra que minha preocupação se concentrava na busca do que se poderia chamar – à falta de melhor designação – de "poesia essencial". Mas o que seria isso? De um lado, surgira da rejeição minha de usar a técnica poética como algo exterior a mim, o que me parecia um procedimento acadêmico: o poema deixaria de ser determinado pelo que o poeta buscava exprimir para tornar-se o resultado de soluções já sabidas. Trata-se não de subestimar a técnica, o domínio da expressão poética, e sim de torná-la uma sabedoria do corpo.

Há um poema, de 9/12/1952, que exprime essa aspiração:

> Velhos sóis que a folhagem bebeu,
> luz, poeira
> agora, tecida no escuro. Alto abandono
> em que os frutos alvorecem,
> e rompem!
>
> Mas não se exale a madurez
> desse tempo: e role o ouro, escravo,
> no chão,
> para que o que é canto se redima sem ajuda.

Meses se passaram, vários poemas fiz, até que parei e disse a mim mesmo: "Afirmei que a linguagem teria que nascer ao mesmo tempo que o poema, mas não dei um passo sequer nessa direção. Tenho me enganado, evitado enfrentar o problema, mas isso acabou. A partir de agora, ou avanço naquela direção ou paro de escrever".

Como não sabia de que modo alcançar aquele objetivo, não escrevi nenhum poema por algum tempo. Mas o desafio estava ali. Até que, certo dia, acordei disposto a levar à prática meu propósito e escrevi este poema:

> Cerne claro, cousa
> aberta;
> na paz da tarde ateia, branco,
> o seu incêndio.

Mas esse já era o poema essencial ou mais um discurso sobre o poema essencial? Iria eu passar o resto da vida a anunciar um poema que nunca seria feito? Decidi que não. Evidentemente, neste poema, a linguagem não nascia com o poema. No entanto, para mim, então, ele representava um avanço na direção nova, em parte pela construção não usual, em parte pelo tema versado. Sabia que estava longe do objetivo desejado, mas era o primeiro passo naquela direção que, a rigor, não sabia qual seria. Percebi que fosse talvez necessário dar um salto mortal para chegar a ele, mas estava disposto a tentá-lo em vez de enganar: ou o poema essencial ou não escreveria mais. Escrevi-o e me detive sem saber como seguir adiante, mas decidido a não voltar atrás. E não parei de cogitar no que viria em seguida, como nasceria o novo poema que teria que ser um avanço na superação do problema. E isso aconteceu.

Depois de três meses, me dei conta de que a grande dificuldade residia na própria estrutura discursiva da linguagem, que me obrigava a trair a complexidade da experiência. Não sei explicar por que o poema que me veio a seguir, em abril de 1953, tinha como ideia básica a origem das coisas ou, melhor dizendo, uma teoria dessa origem. Talvez por ter imaginado que, para que a linguagem nascesse com o poema, seria necessário voltar à origem da fala. Começava assim:

há os trabalhos e (há) um sono inicial, há os trabalhos e um sono inicial
    SONO
    há os trabalhos e um sono inicial, HÁ,
    zostrabalhosehàzumsonoinicial

Tampouco sei explicar por que os versos são construídos desse modo. O que parece evidente é que procurava deliberadamente desordenar a linguagem, subverter o modo usual de construir o discurso:

cristais da
   ORDEM,
tresmalham.
         Não te pergunto: espio,
máquina extrema!

Há, implícita, nesses versos, a aspiração a um poema que não seja feito pelo poeta, e sim descoberto, numa espécie de revelação, surgindo pronto. Feito por quem? Por ninguém. Expressão de uma beleza cuja existência independeria do fazer humano.

Essa ideia surgiu de repente, no ato de fazer o poema, jamais o pensara antes. Surgiu não apenas do fazer, mas com o fazer, como parte do fazê-lo e pensá-lo. Era uma estratégia diferente para chegar ao essencial: violentar a sintaxe, destruir o discurso e, com isso, revelar o que ele oculta... Teria dado o salto? Teria alcançado a outra margem? Estava já ali o poema novo, a "máquina extrema" – ou continuava eu a anunciá-la, discorrer acerca dela? Mas ficou nisso. Não provocou outro poema, nada. Estancou ali, como num impasse. De qualquer modo, houvera uma ruptura e não me era mais possível voltar atrás.

Foi quando, passando de ônibus pela praia de Botafogo, observei que os canteiros que, meses atrás, estavam floridos, agora estavam ressequidos. Aí pensei: "Amanhã as flores estarão de volta". E me surgiu este verso: "Ao sopro da luz a tua pompa se renova numa órbita". Seria o começo de um poema, e nisso pensei até chegar o momento de escrevê-lo, quando amassei o papel e joguei-o fora: "Não vou voltar a fazer poemas como antes. Este verso não muda nada. Não avança, recua". E não pensei mais naquilo.

Ocorreu que, semanas depois, cheguei à tarde ao bar Vermelhinho (rua Araújo Porto Alegre, quase esquina da rua México), onde costumava encontrar-me com os amigos, e não havia ninguém. É que era

Sexta-Feira da Paixão e eu não sabia. Sem ter o que fazer, saí andando à toa até chegar à rua do Catete, quando me eclodiu na mente o seguinte verso louco:

   Au sôflu i luz ta pom-
     pa inova'
       orbita

 Era aquele verso, nascido a propósito dos canteiros de Botafogo, que agora ressurgia transfigurado. Tomei-me de entusiasmo e dei curso ao delírio:

   UILÁN
   UILÁN,
     lavram z'olhares, flamas!
   CRESPITAM GLÂNGES RÔ MASUAF
        Rhra

 E por aí fui. Entrei no parque Guinle, onde fiquei por algum tempo, em transe (se posso dizer assim). Depois voltei seguindo pela mesma rua e fui parar nos fundos da Biblioteca Nacional, na rua México. Sentei-me num banco que havia ali e comecei a escrever o poema nos papéis que tinha nos bolsos: recibos, notas de compras, etc. Isso durou algum tempo, até que o dei por concluído e me encaminhei para meu quarto numa casa de pensão da rua Carlos Sampaio, próximo à praça da Cruz Vermelha.

 No dia seguinte, na redação da revista do IAPC (Instituto de Aposentadoria dos Comerciários), à rua

Alcino Guanabara, onde eu trabalhava, datilografei o poema a que dei o nome de *Roçzeiral* (mistura de roça com roseiral). Ao terminar de datilografá-lo, percebi que havia escrito algo ilegível, incompreensível, havia destruído a linguagem poética. Tinha, afinal, conseguido que a linguagem nascesse com o poema, só que era uma linguagem incompreensível. "Não vou escrever mais", pensei assustado, uma vez que não poderia voltar atrás. Aquele tinha sido um passo inevitável e sem retorno, que me impediria de seguir adiante mas também de retomar a maneira anterior de escrever poemas. Tomara-me de tal horror pelo uso normal do idioma que, como tinha de responder à carta de uma amigo de São Luís, escrevi-lhe em francês.

Falar em português eu podia, claro. Não conseguia era escrever. Poemas então, muito menos. Entrei em crise, já que escrever poesia era o sentido de minha vida. Algum tempo depois, escrevi um poema que era uma despedida:

> finda o meu
> sol
>   pueril
>   o ilícito
>   sol
> da lepra acesa da pele

Antes desse, havia escrito o poema *Inferno*, que era também uma espécie de despedida, mas ainda palavroso.

Finalmente, quando já perdera toda e qualquer esperança de voltar a escrever poesia na linguagem normal, tentei escrever na linguagem inventada no poema *Roçeiral*. Foi uma derradeira tentativa antes de dar por encerrada minha aventura de poeta. Depois disso, decidi reunir todos os poemas que havia escrito a partir de 1950 e publicá-los num livro que tomou o título de *A luta corporal*. O livro causou certo impacto. Alguns críticos o detestaram; outros, o elogiaram. O romancista e crítico José Geraldo Vieira publicou no suplemento *Letras e Artes*, no Rio, um artigo afirmando que aquele livro anunciava o surgimento de um novo e verdadeiro poeta.

De qualquer modo, eu continuava no impasse, sem saber como voltar a fazer poesia. Foi quando me ocorreu tentar alguma coisa, fosse o que fosse, uma espécie de texto sem tema definido e sem rumo. Cortei algumas folhas de papel ao meio e fiz com elas um caderno amarrado com barbante e uma capa de papel pardo. Em um dos lados escrevi "frente", para saber onde ficava o começo do texto que iria escrever e que, por não ter rumo nem propósito, tampouco teria um título. É curioso que o nome do Grupo Frente, que antecedeu o grupo concretista, nasceu dali. É que fui visitar a sala onde Ivan Serpa dava aulas de pintura, tendo na mão o tal caderno. Ele leu o nome e perguntou o que significava. Respondi: "É pra eu saber de que lado é o começo". Ele riu e me disse: "Esse vai ser o nome do grupo de artistas que estou criando".

Mas isso é outro assunto. Naquele caderno, decidi inventar um texto sem sentido, que não sabia como começar, mas seria o recomeço de que necessitava para voltar a escrever. Comecei assim:

eu

sobre o muro castigado, a doença solar nas engrenagens da terra,

eu que,

em silêncio, falo por tua boca, onde trabalhas, verboso, fala em meus lábios na podridão apodrecidos

E por aí seguia sem rumo, mas era um recomeço: um texto de prosa desvairada, sem sentido e sem objetivo. De qualquer maneira, era a minha volta à escrita. Sucedeu, porém, um fato inusitado: três jovens poetas paulistas, que tinham o propósito de "reinovar" a poesia brasileira, Augusto de Campos, Haroldo de Campos e Décio Pignatari, leram *A luta corporal* e viram nele um caminho para a renovação. Escreveram-me, e começou assim uma troca de ideias que resultou na criação da poesia concreta.

Augusto de Campos veio ao Rio para encontrar-se comigo e discutirmos a possibilidade de um novo rumo para a poesia brasileira. O encontro foi no restaurante Spaghetilândia, na Cinelândia, às vésperas do Carnaval. De óculos, bigode bem aparado, paletó e gravata, falou-me da afinidade de nossas respectivas atitudes em face da poesia: inconformismo com as formas aceitas e consagradas. Mas havia uma diferença: enquanto minha experiência (*Roçzeiral*, etc.) tinha um cunho destrutivo, a deles, esclarecia Augusto, era construtiva. Falou-me de Webern, Pound e citou Mário de Andrade como um poeta modernista que se integrava em seu elenco de inovadores e inventores, entre os quais estavam Drummond e João Cabral. Observei que considerava Oswald de Andrade mais próximo da nova poesia, especialmente porque sua linguagem tinha sabor de capim verde. Augusto reagiu, dizendo que Oswald não era um poeta sério, era um anarquista, um piadista. Argumentei que a irreverência de Oswald me era muito simpática, embora levasse algumas pessoas a subestimar-lhe as qualidades de escritor. "Procura ler *Pau Brasil* e *Serafim Ponte Grande*. Vais ver como a linguagem dele é jovem", disse-lhe eu. Augusto logo depois reviu sua opinião sobre Oswald de Andrade, tanto que nos manifestos de lançamento da poesia concreta, no ano seguinte, Oswald é citado como exemplo de poeta inovador.

Minha simpatia pela obra de Oswald de Andrade nasceu quando, em 1952, achei nos fundos da antiga livraria José Olympio, na rua do Ouvidor, alguns exemplares da primeira edição de *Serafim Ponte Grande,* impressa em papel ordinário. Manifestei meu entusiasmo a Mário Pedrosa, que me emprestou seu exemplar de *Pau Brasil*. Na tarde de 10 de setembro de 1953, dia de meu aniversário, Oswald de Andrade, levado por Oliveira Bastos, foi bater à porta do apartamento em que eu morava na rua Fialho, esquina com Benjamim Constant, na Glória. Mal acreditei. Ele me trazia um exemplar autografado de *A morta* e *O rei da vela*, editado pela José Olympio em 1937.

Oswald havia lido meus poemas, graças a Oliveira Bastos, a quem eu emprestara uma cópia datilografada dos originais de *A luta corporal*, ainda inédito. Eu e

Oswald conversamos, então, até anoitecer, e assim nasceu entre nós uma amizade que durou pouco, já que ele morreu um ano depois. Na passagem do ano de 1953 para 1954, estávamos eu e Bastos na casa de Oswald, em São Paulo, quando conheci sua mulher e musa Maria Antonieta d'Alkmin. Augusto, Haroldo e Décio, nascidos e criados em São Paulo e que ali continuavam morando, não tomaram conhecimento de Oswald de Andrade enquanto ele viveu. Correspondiam-se com Ezra Pound, nos Estados Unidos, mas ignoravam o grande poeta brasileiro que vivia na mesma cidade que eles. Mais tarde, o transformariam em cavalo de batalha e montariam nele. O Oswald de antes de 1929, bem entendido, porque o de depois, que rompeu com a fase modernista e tornou-se marxista militante, esse eles preferiram ignorar.

Logo após aquele encontro na Cinelândia, Augusto e Haroldo mandaram-me um exemplar de *Noigandres 2*, com os primeiros poemas não discursivos de Augusto, inspirados na "melodia de timbres" de Webern. Os poemas estavam impressos em cores porque, segundo o autor, a impressão em preto e branco "está para o poema como uma fotografia para a realidade cromática". Em carta a Augusto, datada de 22 de abril de 1955, comento esses poemas e digo que a fragmentação das frases e palavras, anulando-lhes o sentido, os reduzia a mero amontoado de sons e letras coloridas. Chamo a atenção para o fato de que, em *Un coup de dés,* Mallarmé faz subdivisões do discurso, ampliando-lhe a duração, mas sem desintegrá-lo, uma vez que isso anularia qualquer expressão. E afirmo a certa altura: "Creio ser o problema da sintaxe, que é o elemento principal da linguagem discursiva, o ponto fundamental e crucial da nova poesia". Essa era uma opinião decorrente de minha própria experiência poética anterior, e até ali, pelo que sei, não constituía preocupação do trio paulista. Só nos seus manifestos do final de 1956 em diante essa questão aparece. Augusto, em carta de maio de 1955, rebate todas as críticas que eu fizera aos seus poemas, mas a verdade é que, a partir de então, não voltou a fazer poemas semelhantes àqueles que eu criticara.

Em meio a concordâncias e discordâncias, ao fim de algum tempo, decidimos pela realização da I Exposição Nacional de Arte Concreta, inaugurada em dezembro de 1956, na Galeria de Arte da *Folha de S.Paulo*. Ali foram mostradas obras de pintores, escultores e poetas de São Paulo e do Rio de Janeiro. Pela primeira vez eram expostos poemas concretos do grupo paulista e do grupo carioca, entre os quais cinco páginas de meu poema *O formigueiro* (1955).

Esse poema marcou o início de minha produção como poeta concreto. Em que afinal consistia esse tipo de poesia? Em termos gerais, tratava-se de construir o poema valendo-se não da sintaxe verbal (que eu havia destruído), mas da sintaxe visual – poema sem discurso. O meu poema *O formigueiro*, porém, juntava as duas coisas: a sintaxe visual e o discurso; um discurso bem simples que servia para possibilitar a exploração visual das palavras, postas cada uma numa página.

Na verdade, *O formigueiro* era já um livro-poema, coisa que só inventei algum tempo depois. Ele começa com a desintegração da palavra "formiga", cujas letras se dispersam na página para depois se agruparem formando uma espécie de signo. Em seguida, a palavra se reorganiza, mas numa ordem diferente da usual e, então, começa a formação de um núcleo que se tornará, por assim dizer, a fonte das palavras formadoras do poema: cada letra de cada palavra é sacada do núcleo ao arbítrio do poeta, visando à expressividade da palavra que ocupará, cada uma delas, a página inteira, dando expressão ao silêncio que é o branco do papel. O poema tem cinquenta páginas.

Logo em seguida, escrevi poemas mais ortodoxamente concretistas (se é que se pode falar em ortodoxia quando não há normas a obedecer). O fato é que me refiro a poemas que são puramente visuais, explorando as relações entre os valores semânticos e fonéticos, como ocorre neste:

verme   olho

     lacre   maçã

         vermelho

     alarme   boca

verde   velho

O anel de fora – verme / olho / verde / velho – se forma pela identidade ou proximidade fonética das palavras, enquanto o anel de dentro – lacre / maçã /

alarme / boca – se forma pela identidade semântica. A síntese é a palavra *vermelho*, que participa dos dois por suas qualidades fonéticas e semânticas. E daí a leitura: *verme olho verde velho – lacre maçã alarme boca – vermelho*.

Um poema dessa fase que particularmente me agrada por sua unidade estrutural, fonética e lírica é *girassol:*

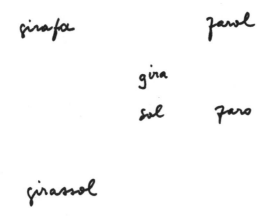

A leitura deve começar pelo centro, de modo a descrever um movimento em espiral: *gira sol faro farol girafa girassol*. A palavra *gira* participa foneticamente da palavra *girassol* e da palavra *girafa*, e participa semanticamente das palavras *sol, farol e girassol* (o sol, o farol e o girassol têm movimento giratório, de fato ou aparentemente). A palavra *sol* está em *girassol* e, por luminoso, em *farol*. A palavra *faro* é o faro da girafa, o faro do farol e o faro do girassol em seu heliocentrismo. *Girassol, farol* e *girafa* estabelecem entre si uma relação metafórica: a forma esguia e alta do farol lembra o pescoço da girafa e o talo do girassol. A *girafa*, que tem faro e se liga a farol, é a própria imagem do girassol, com sua cabeça de flor e seu enorme pescoço espiando por cima da cerca.

O livro-poema nasceu da necessidade de superar um impasse surgido do poema *verde erva*, que é assim:

    verde   verde   verde

    verde   verde   verde

    verde   verde   verde

    verde   verde   verde   erva

A matriz do poema foi a identificação fonética e semântica entre as palavras verde e erva – uma estava na outra como forma e significado. Então concebi o poema com a intenção de mostrar isto: a erva explodindo do verde. Daí a repetição exaustiva da palavra *verde* até eclodir na palavra *erva*. Mas quando vi o poema publicado no *Suplemento Dominical do Jornal do Brasil* tive uma decepção: o leitor não precisava ler sucessivamente a palavra *verde* já que abrangia com a vista de uma só vez os doze *verdes* que constituíam o quadrado de grama do poema; com isso se eliminava o processo de repetição que ia gerando a erva dentro do verde. A construção do poema estava errada. A questão com que me defrontava era a seguinte: como construir o poema de modo a obrigar o leitor a lê-lo palavra por palavra e obter, assim, ao final, o poema também como estrutura espacial. Tocava aí numa questão básica da nova poesia: a contradição entre a natureza temporal da linguagem verbal e o poema novo como estrutura espacial. Bem, pensei, para que o leitor leia cada palavra separadamente é preciso que as palavras surjam uma depois da outra. Mas, se pusesse cada uma numa página, a estrutura se desfaria. Conclusão: as palavras teriam de aparecer sucessivamente na mesma página. Mas como? Parecia impossível. Comecei então a imaginar: e se a primeira palavra fosse escrita no verso da página, no extremo esquerdo da página? Claro! E a página seguinte seria mais curta, deixando à mostra a primeira palavra, e assim sucessivamente. Levei adiante a ideia, e desse modo nasceu o primeiro livro-poema.

Partindo da solução mais simples – o uso da página mais curta que a outra –, logo percebi que, de acordo com as palavras que constituiriam o poema, a forma das páginas também podia variar, funcionando como elemento expressivo. A primeira coisa que me fascinou ao juntar uma página mais curta à outra foi a linha de luz que surgiu no limite de uma folha sobre a outra, incorporando-se ao poema como uma nova qualidade – uma linha de silêncio. As páginas cortadas em diagonal, num sentido e no outro, abriam novas possibilidades na estruturação do poema. As páginas de tamanhos e formas diferentes, acumuladas em camadas, formavam no final uma só página tecida de várias páginas, com suas palavras, cortes e linhas de luz. Entusiasmei-me: uma coisa nova havia nascido! Sim, era um livro diferente de todos os outros livros, porque nele a página deixava de ser apenas o suporte em que se imprimem as palavras para tornar-se elemento estrutural do poema: cortar a página, dar-lhe esta ou aquela forma, era de certo modo trabalhar o silêncio, o avesso da linguagem. E mais: por essas razões todas, o ato de passar a página perdia seu sentido puramente mecânico para tornar-se um gesto constitutivo do poema: o leitor, assim, participava da formação do poema. Esse livro não podia ter capa, porque a integração das páginas na função expressiva a repelia como elemento alheio à natureza do poema, do livro, do livro-poema. Na verdade, o livro-poema deixa de ser apenas um livro como os outros, repositório de poemas: é um objeto poético.

O segundo livro-poema já é mais elaborado, explorando os efeitos de superposição das páginas cortadas. O terceiro já não era um livro propriamente dito, mas um objeto de papel, não para ser folheado como os anteriores, e sim aberto parte por parte até chegar à palavra final na última placa: fruta. Era como se o leitor fosse abrindo uma fruta, gomo por gomo.

Este livro-poema, por ser já um objeto, e não um livro, levou-me a criar os poemas-objeto, feitos de madeira, com uma só palavra. Assim nasceu o primeiro "poema espacial", como o denominei: uma placa de madeira pintada de branco com um cubo azul em cima. Você ergue o cubo e sob ele, na placa, lê: lembra. Repõe-se o cubo, mas agora o objeto é outro, porque você sabe que, sob o cubo, há uma palavra pulsando com seu significado.

Fiz em seguida outros poemas-objeto: o *era* e o *pássaro*. Este tinha a forma de um cubo, com uma das faces aberta e duas placas enfiadas nele, em posição inclinada (a imitar a inclinação do voo); você as puxa e lê numa delas: pássaro (como se ele escapasse da gaiola). O surgimento do livro-poema teve consequências sobre o desenvolvimento da arte neoconcreta. Essa possibilidade de integrar a ação do espectador na obra – que se tornaria uma das características da arte neoconcreta – influenciou Lygia Clark, que, àquela altura, saíra de seus "casulos" para criar o primeiro não objeto, o *Contra Relevo*. Este era um objeto imóvel, mas abriu caminho para os *Bichos* que incorporaram a necessidade de manuseio por parte do espectador. Outras consequências do livro-poema foram o *livro universo*, de Reynaldo Jardim, e o *livro da criação*, de Lygia Pape, ambos cheios da inventividade de seus respectivos autores.

Outros poemas-objeto, eu os fiz explorando as possibilidades daquele novo meio de expressão. Mas ele pareceu se esgotar. Foi quando tive a ideia de usar não apenas as mãos, mas também o próprio corpo do leitor na relação dele com o poema. Nasceu o *poema enterrado*, uma sala de três metros por três, no subsolo da nova casa da família de Hélio Oiticica, na Gávea Pequena, onde se entrava descendo por uma escada que levava à porta do poema. Abria-se a porta, entrava-se e encontrava-se, ao centro, um cubo vermelho de 50 cm x 50 cm; debaixo deste havia outro cubo, de cor verde, de 30 cm x 30 cm e, finalmente, debaixo deste, um cubo bem menor, branco, de 10 cm x 10 cm, no qual estava escrito: rejuvenesça.

O *poema enterrado* inspirou Hélio Oiticica a criar os seus *labirintos* e o projeto *Cães de caça*. Foi uma obra antecipadora dos "penetráveis", que surgiriam na Europa e nos Estados Unidos vários anos depois, como consequência do processo de vanguarda. Não me atribuo nenhum mérito especial pela ação fecundadora desses trabalhos, uma vez que os integrantes do movimento neoconcreto participavam todos das mesmas preocupações, lidavam com problemas semelhantes, decorrendo daí permanente troca de ideias e experiências. O livro-poema, os poemas espaciais ou não objetos e o *poema enterrado* não teriam surgido fora do movimento neoconcreto, sem o convívio e o intercâmbio de experiências que nos estimulavam mutuamente.

Mas, no dia da inauguração do *poema enterrado*, o subsolo estava inundado, porque havia chovido três dias seguidos, e a água da chuva se infiltrara na estrutura improvisada. Depois dessa decepção, não voltei mais à casa dos Oiticica e, pouco tempo depois, afastei-me do grupo neoconcreto, por ir trabalhar em Brasília. Mas não apenas por isso. Comecei a perceber que aquele caminho se esgotara e não desejava continuar nele.

Mas isso só aconteceu em 1961. Antes, muita coisa foi realizada pelo grupo que se havia juntado em torno da experiência concretista. A exposição, que se realizara em dezembro de 1956 em São Paulo, foi trazida para o Rio no começo do ano seguinte, com algumas modificações. Meu poema *O formigueiro*, de que só expusera cinco páginas, teve algumas outras expostas. O mesmo ocorreu com outros artistas do grupo carioca, uma vez que era mais fácil exibir seus trabalhos aqui do que levá-los para São Paulo.

Por ocasião da inauguração da mostra, no prédio do antigo Ministério da Educação e Cultura, hoje Palácio Gustavo Capanema, os três poetas paulistas vieram para o Rio e participaram de um debate realizado na antiga sede da União Nacional dos Estudantes (UNE). Eles estavam dispostos a demonstrar que a poesia concreta era uma criação deles e que nós, cariocas, não contávamos. Décio, que se fez o porta-voz do grupo, afirmou, entre outras coisas, que a poesia concreta acabava com o símbolo. Oswaldino Marques, poeta, crítico literário e tradutor de poesia, levantou-se e pediu uma explicação sobre qual era o conceito de "símbolo" admitido por Décio. Este não soube o que responder, apenas balbuciou algumas palavras confusas. Oliveira Bastos veio em socorro dele e improvisou uma definição, usando uma frase minha acerca da relação entre formas naturais e formas artísticas, de um ensaio que eu acabara de escrever sobre a Bienal de São Paulo. Desta vez, quem empalideceu foi Oswaldino, e ainda se refazia do susto quando os irmãos Campos, de pé, dedo em riste, gritaram: "E você que é um poeta medíocre? E você que é um péssimo tradutor?". Pobre Oswaldino, que fora ali na ilusão de debater a poesia concreta quando, na verdade, o grupo paulista queria somente aplausos, nada de debates.

As divergências entre os concretistas de São Paulo e os do Rio iriam conduzir inevitavelmente à ruptura. Isso ocorreu em julho de 1957, quando Haroldo de Campos enviou ao *Suplemento Dominical do Jornal do Brasil*, que era dirigido por nós, um artigo intitulado "Da fenomenologia da composição à matemática da composição", do qual discordei por considerar que seria impossível escrever poemas a partir de equações matemáticas, como afirmava o artigo. Que estrutura matemática era aquela que determinaria as palavras que comporiam o poema? Não há, nem pode haver, argumentei, nenhuma relação causal entre o número matemático e a palavra, pois ambos pertencem a universos distintos. A maneira possível de usar a matemática na poesia é na determinação da medida dos versos e do tamanho das estrofes. Mas isso é o que fizera a poesia tradicional.

Tentei conversar com Augusto, buscando um entendimento, mas de nada adiantou. Assim, decidimos publicar o texto deles e, ao lado, um texto meu intitulado "Poesia concreta, experiência fenomenológica". Este texto continha as ideias básicas do que viria a ser, dois anos mais tarde, o movimento neoconcreto. Mas naquele momento não nos ocorreu criar um novo movimento, queríamos apenas nos desvencilhar da incômoda companhia dos paulistas, cujas ideias eram para nós inaceitáveis, irritantes mesmo, sobretudo por sua ostensiva atitude modernosa; queriam incorporar tudo, da linguagem da publicidade e da televisão à música concreta e eletrônica; da antropofagia de Oswald de Andrade ao simbolismo de Mallarmé; de Pound, discursivo, a Cummings, fisiognômico; de Joyce, irracionalista, a João Cabral, racionalista; de Marx, materialista dialético, a Heidegger, metafísico... Enfim, uma salada. E isso me cheirava a charlatanice. Além do mais, como teoria poética propriamente dita, chegavam a um racionalismo que anulava a criatividade e produzia, em vez de poemas, meros jogos de palavras. Minha formação era outra, e outro, meu objetivo. A palavra que forma o poema sempre foi para mim um ser vivo, nascida do meu corpo e do calor de meu hálito, surgida sabe-se lá de que insondáveis significados. Desamor por formas consagradas, isso eu não precisava aprender com os concretistas, pois já as quebrara muito antes deles. Mas não para posar de moderno ou vanguardista: por necessidade real e pela alegria das descobertas do novo. Assim, enquanto o trio paulista se preocupava em fazer poemas "segundo as leis de proximidade e semelhança", eu buscava o caminho para construir o poema sem o discurso e apoiado nas qualidades visuais e fonéticas das palavras – sem nenhuma regra preestabelecida. Dizer que o poema seria feito segundo as leis de proximidade e semelhança é o mesmo que dizer: a partir de agora comeremos com a boca. Ao descobrir essas leis, a *Gestaltungstheorie* estabeleceu que é assim que se percebe, ou seja: organizar as palavras no espaço contrariando aquelas leis é que seria uma proeza extraordinária. Como, por exemplo, comer com o ouvido...

Na verdade, a divergência entre os concretistas do Rio e os de São Paulo já existia havia tempo. Os concretistas paulistas seguiam as ideias de Waldemar Cordeiro, que pregava uma arte racionalista a tal ponto que propôs excluir as cores da pintura por considerá-las subjetivas. Os poetas seguiam essa mesma linha radical que ignorava a complexidade da criação artística, impossível de se reduzir a mera teoria. Como semelhante tese tem contra si as obras de arte de todos os tempos – das pinturas das cavernas aos quadros de Picasso, Matisse ou Morandi; da *Ilíada* de Homero aos poemas de Rimbaud, Mallarmé, Whitman ou Maiakóvski; das baladas medievais às composições de Mozart, Stravinski ou Villa-Lobos; das mesquitas e dos templos budistas às obras de Gaudí, Le Corbusier ou Niemeyer –, esses pequenos artistas procuraram apresentar-se como os pioneiros de uma arte futura, como inovadores, e tentaram convencer as pessoas de que a má qualidade de seus poemas e suas obras não era defeito, mas uma qualidade ainda desconhecida. Ou seja, tentaram transformar sua mediocridade em virtude e reduzir a poesia – que sempre teve como veículo de sua mensagem a comunicação afetiva – a artificiosas composições "verbivocovisuais" e jogos de palavra-puxa-palavra. E, no propósito de fazer valer essa tese, atreveram-se a atrelar ao seu carro escritores que nunca abdicaram de descer fundo na experiência do homem e que, quando violentaram as formas literárias, foi pela necessidade de abranger novas dimensões do estético, do existencial e do afetivo.

Já o grupo do Rio pensava como Mário Pedrosa, que tinha uma visão abrangente do fenômeno artístico, a ponto de pregar o concretismo e, ao mesmo tempo, defender o valor da arte dos loucos, dos *naives* e das crianças.

Sucede, porém, que o problema é mais complexo, especialmente no que diz respeito às artes plásticas e à pintura. Na verdade, a proposta de uma pintura sem subjetividade conduziria inevitavelmente a uma expressão meramente ótica, como veio a ser a pintura de Vasarely, por exemplo. A arte neoconcreta foi, em última instância, a tentativa de, sem voltar à velha subjetividade, ultrapassar a visão meramente ótica, sem transcendência, a que o concretismo pendia.

Sem pretender atribuir-me papel mais influente do que de fato tive no processo que deu nascimento à arte neoconcreta, devo mencionar fatos que, de uma maneira ou de outra, contribuíram para mudar o rumo que nossa expressão tomara com a adesão ao concretismo. Um desses fatos foi o convite de Lygia Clark para que eu escrevesse a apresentação de uma exposição que ela faria em São Paulo, naquele ano de 1958, de seus mais recentes trabalhos.

Pedi então que me mostrasse as obras anteriores para que pudesse ter uma visão mais completa de sua experiência pictórica. Entre os quadros que ela me mostrou, pintados anos atrás, percebi um dado curioso: as composições geométricas que compunham a tela, em alguns casos, ultrapassavam os limites dela e chegavam às molduras, que, no caso, eram largas e no mesmo nível. Isso me chamou a atenção, pois, conforme entendi, indicava o propósito de anular a moldura (zona de passagem entre o espaço pictórico, fictício, portanto, e o espaço real) e inserir-se naquele espaço. Essa observação ganhava um significado importante pelo fato de que alguns dos quadros que ela exporia na mostra – os mais recentes – eram apenas pequenos quadrados negros sem nenhuma forma pintada neles: tudo o que havia era, em cada um deles, uma linha branca situada num ou noutro dos quatro limites do quadro. Noutras palavras, ela fugia da contradição figura-fundo deixando a tela vazia – só o fundo.

Ao chamar a atenção para o fato de ter ela, nos quadros anteriores, levado a composição geométrica a ultrapassar o limite da tela e chegar à moldura, deixei evidente que, então, tela e moldura formavam uma coisa só – ou seja, a moldura tornara-se parte do espaço pictórico. Mas entre a tela e a moldura havia uma separação, um fio de espaço real que Lygia Clark passaria a chamar de "linha orgânica" e se tornaria elemento fundamental em seus futuros quadros, já então feitos em placas de madeira, e não mais em tela. Entenda-se: a linha orgânica agora cortava o quadro em diversas direções como vetor da composição, que, com isso, tornava-se uma justaposição de placas. Ou seja, ela já não pintava, já não criava formas sobre o quadro: criava o quadro. Com isso, o problema figura-fundo estava superado, ainda que não totalmente, uma vez que, aqui ou ali, ela pintava um quadrado amarelo sobre uma das placas.

É certo, porém, que Lygia não lidava conscientemente com esse problema, mas intuitivamente. De qualquer modo, a intuição a levou a abandonar as placas de madeira para construir o quadro com uma única placa de metal, o que lhe tornou possível a exploração da terceira dimensão, dobrando-a. A placa de metal, podendo ser dobrada, permitia-lhe sair do plano bidimensional para explorar essa outra dimensão do espaço real. O passo adiante foi a invenção dos *Bichos*, quando o quadro de metal se desprende da parede e se põe plenamente no chão, no espaço da sala, e fica suscetível de ser colocado em diferentes posições, já que é manipulável e composto de placas móveis que se dobram ou giram e deslizam em torno de suas "espinhas dorsais" (suas dobradiças).

Os *Bichos* são o momento-limite atingido por Lygia Clark, uma vez que, depois deles, ela abandona a criação de obras de arte e se limita a provocar experiências sensoriais naquele que, de espectador, torna-se partícipe. Passa ela a criar máscaras, luvas, vestimentas, visando provocar sensações inusitadas no participante. Creio que, ao desistir da criação do objeto artístico, ou seja, da obra de arte, entrega-se à exploração das possibilidades da dimensão sensorial, tátil, corporal, como a tentar penetrar nas significações não verbais, não visuais que seus artefatos suscitariam. Ela opta por abandonar a criação estética na tentativa de viver uma aventura outra, ainda não formulada. É uma experiência que, saindo do campo estético e entregando-se à exploração das meras sensações corporais, abdica, por assim dizer, da "cultura" e se limita a experimentar o universo não conceitualizado do não formulado, nem mesmo como linguagem visual. Desse modo, ou Lygia se limita ao prazer sensorial do tato ou simplesmente se compraz com a experiência cega do corpo. De qualquer maneira, é uma renúncia à criação estética, na intenção de explorar um território desconhecido.

Essa experiência de Lygia, quer ela o soubesse quer não, resultou, como consequência extrema, da opção feita por artistas de vanguarda do começo do século XX – entre eles Malevich e Mondrian – que, optando por uma linguagem abstrato-construtiva, abriram caminho para o racionalismo concretista e para a op art. As experiências de Lygia resultaram do esgotamento e da rejeição dessa alternativa e de uma opção radical por seu oposto: uma expressão fora de qualquer controle racional.

Com alguma diferença, Hélio Oiticica percorreu caminho semelhante, ao renunciar, como Lygia, à formulação estética da experiência. Vejo nisso uma opção pelo beco sem saída, uma vez que a criação da obra de arte é uma afirmação como criador de um mundo imaginário, mais rico e mais fascinante do que a realidade do dia a dia ou a mera exploração da sensorialidade. O corpo enquanto sensação está aquém do ser humano como ente cultural, espiritual, que inventa a vida. A arte existe porque a vida não nos basta. Eis por que renunciar à criação estética é optar por não inventar a vida melhor do que ela é, mais rica do que nos parece. Renunciando à arte, o homem não ganha nada, só perde. É verdade que Lygia e Hélio supunham fazer arte, e uma arte mais autêntica, quando se limitavam a provocar experiências sensoriais.

Adotarmos o nome "neoconcreto" foi ideia minha. Surgiu da proposta de fazermos uma exposição reunindo os trabalhos dos artistas concretos do Rio, que me encarregaram de redigir o texto de apresentação da mostra. Depois que vi as obras de todo o pessoal e refleti sobre elas, concluí que aquilo já não era arte concreta e que estava surgindo ali uma outra coisa, outra tendência que muito pouco ou nada tinha a ver com os conceitos concretistas. Por isso, pedi uma reunião do grupo e expus minha opinião. Devíamos passar a nos chamar "neoconcretos" e, em lugar de uma apresentação, escreveria um manifesto, lançando o novo movimento. Todos concordaram. Então, redigi o Manifesto Neoconcreto,* que foi assinado pelos membros do grupo. Pouco depois, em março de 1959, inauguramos, no Museu de Arte Moderna do Rio de Janeiro, a primeira exposição neoconcreta, e o *Suplemento Dominical do Jornal do Brasil* publicou o nosso manifesto. Tudo isso nos estimulou a intensificar nossas realizações e inovações.

Os livros-poema e os poemas espaciais (ou poemas-objeto) que criei foram realizados ao longo desse ano e do ano seguinte. O último desses poemas não tinha nenhuma palavra. Era uma placa redonda, pintada de branco, com uma série de traves coladas nela, menos uma, de cor vermelha, que podia ser retirada e, sob esta, via-se um ponto de interrogação.

Essa interrogação talvez expressasse o meu impasse: que passo dar adiante agora? Comecei a entrar em crise e a questionar o que fazia. Surgira em mim certa insatisfação com o rumo que imprimira à minha atividade poética. Era como se aquele caminho se tivesse esgotado. Foi quando me convidaram para ir trabalhar em Brasília, como presidente da Fundação Cultural. Aceitei de pronto. Era a oportunidade para mudar de vida e de rumo.

* O Manifesto, na íntegra, está ao final deste texto, na página 67.

E foi o que aconteceu. Brasília fora inaugurada havia menos de um ano e ainda estava em construção. Grande parte dela era chão vazio onde se deveriam construir prédios públicos e conjuntos residenciais. A maior parte da cidade era de terra seca que o vento levantava a cada sopro e nos cobria de pó vermelho. Ali me caiu nas mãos um livro intitulado *La pensée de Karl Marx*, de autoria de um padre católico francês chamado Jean-Yves Calvet. Li-o e me tornei marxista, o que viria a mudar radicalmente a minha vida. Alguns meses após minha chegada ali, o presidente Jânio Quadros renunciou, e eu voltei para o Rio. E voltei outro, pois me tornaria um militante político que iria se integrar ao Centro Popular de Cultura da UNE e passaria a fazer poesia engajada. Afastei-me de meus antigos companheiros de vanguarda artística e passei a lutar pela reforma agrária e contra o imperialismo norte-americano.

O primeiro poema político que escrevi foi *João Boa-Morte, cabra marcado pra morrer*, feito a pedido de Oduvaldo Vianna Filho, o Vianninha, que dirigia o CPC. Em seguida, escrevi outros poemas de cordel, como *História de um valente*, feito a pedido do Partido Comunista para uma campanha pela libertação de Gregório Bezerra, preso pela ditadura militar que já se havia instalado no país a partir de abril de 1964.

Minha atitude, então, em face da poesia, era essencialmente pragmática, isto é, menos preocupada com a qualidade poética do que com o objetivo político a alcançar. Mais tarde me dei conta de que fazer má poesia não servia para nada. Ao escrever um poema, a preocupação principal tem de ser com a qualidade literária, poética. Isso me levou a elaborar melhor os poemas dessa fase e mesmo a tentar criar uma linguagem poética de qualidade a partir do vocabulário que o tema político-social inevitavelmente implica. Iniciei, então, uma nova trilha poética, que desembocou, em 1975, no *Poema sujo*. De algum modo, procurei realizar uma espécie de alquimia vocabular entre palavras naturalmente poéticas e outras antipoéticas, ou não poéticas, como nomes de empresas internacionais, que simbolizavam o capitalismo.

No *Poema sujo*, creio eu, deu-se uma implosão de tudo que fora elaborado durante os anos 1962 e 1975. É certo que nada disso foi planejado nem realizado com plena consciência do que fazia, mas, como sempre ocorre comigo, foi acontecendo à medida que me dava conta das dificuldades e das descobertas.

Ao pensar em escrever aquele poema – na noite em que me veio o ímpeto de escrevê-lo –, imaginei começá-lo com uma espécie de vômito do vivido. Como sabia de antemão que o poema abrangeria minha vida inteira, desde o começo em São Luís e seu desenrolar através dos anos, imaginei vomitar tudo, criando uma espécie de magma, donde, em seguida, extrairia o poema. E há nisso certa semelhança com o poema *O formigueiro*, em que as palavras vão se juntando até formarem uma espécie de mapa, do qual sairiam extraídas, uma a uma, para constituir o poema.

Naquele momento, ao conceber esse modo de iniciá-lo, não sabia por que o fazia. Só mais recentemente tomei consciência de que, na verdade, queria que o poema "não começasse". Esse propósito já se havia manifestado quando escrevi o poema *Por você, por mim*, que trata da Guerra do Vietnã. De fato, sua primeira estrofe resulta da enumeração de uma série de fatos e referências, de modo quase incoerente, ou pelo menos sem obedecer a uma maneira lógica de dizê-lo. No fundo, era para evitar o começo "lógico". Aquilo que era de algum modo vomitar o tema para, só depois, tratá-lo coerentemente.

Mas por que razão evito começar o poema? Essa é uma questão sobre a qual tenho refletido ultimamente. É que não é possível começar uma coisa que você não sabe o que vai ser, já que, antes de escrito, o poema não existe. Então, como começá-lo é uma opção arbitrária, provocando a pergunta: seria esse mesmo o começo ou poderia ser outro? Sim, poderia, mas, depois de feita a opção, ela se torna necessária. E o poema não seria o mesmo se o começo fosse outro. Na verdade, ao querer vomitá-lo, pretendia, contraditoriamente, superar o acaso, o arbitrário.

Você dirá: mas o poema para existir tem de ser iniciado, seja como for. E era isto o que eu me dizia: "Vou começar uma coisa que não sei o que será". A verdade é que, de qualquer modo, há que começá-lo. Trata-se, portanto, de uma contradição inevitável. Dizendo de outro modo: para começá-lo sem começá-lo, escrevo algo que não é ainda ele, não é ainda o começo dele, como se fosse antes do começo, mas que, no final das contas, torna-se o começo. Considerando melhor o que acabo de escrever, tomemos como exemplo os primeiros versos do *Poema sujo*:

> turvo turvo
> a turva
> mão do sopro
> contra o muro

Como afirmar que esse não é o começo do poema, se é com esses versos que ele se inicia? Pode-se dizer que esses versos não são ainda o assunto do poema, que, por isso, não começa ali. Não obstante, pode-se discordar disso, observando que, se o poema ainda não existia, era impossível fazer tal afirmação. A conclusão lógica creio ser a seguinte: precisamente porque o poema ainda não existia, aqueles primeiros versos são de fato o começo dele. O que também é verdade é que, por ainda estar por ser feito, aqueles versos iniciais são um começar arbitrário: o começo de algo que, por ainda estar por ser feito, poderia começar de outra maneira. E é precisamente isso que pretendo afirmar ao levantar esta questão: o poema é uma invenção resultante de fatores arbitrários que tanto poderiam ser aqueles como outros. Qualquer poema poderia não ter sido escrito exatamente como o foi. É certo, no entanto, que, nascido da probabilidade, torna-se necessária e inevitavelmente o que é.

Resta observar, porém, que essa questão de "não começar" surge quando se trata de poemas longos, e não com os poemas curtos. Estes quase sempre já começam do começo, como, por exemplo, *Traduzir-se,* cujos primeiros versos exprimem o que ele dirá essencialmente:

> Uma parte de mim
> é todo mundo:
> outra parte é ninguém:
> fundo sem fundo.

A razão disso não reside propriamente na diferença de tamanho dos poemas, e sim no fato de que essa diferença advém da natureza mesma do poema, do que o fez nascer – do tipo de espanto que lhe deu origem. O poema curto, em geral, nasce de um espanto conceitual, por assim dizer, de uma inesperada reflexão; já o poema longo – ou que se promete longo – é por sua própria natureza um enigma; ou melhor, o poeta não sabe o que de fato irá dizer ao escrevê-lo, uma vez que sua matéria original excede qualquer formulação: fazer o poema é tentar chegar a essa formulação, sendo por isso mesmo bem mais imprevisível que o poema curto.

Esse talvez seja um ponto interessante para examinar e tentar definir. Tomemos como exemplo o poema *O cheiro da tangerina*, que foi motivado pelo olor da fruta que, certa tarde, meu filho Marcos descascava na sala de nossa casa. Certamente, eu já havia mil vezes sentido o cheiro de tangerina, mas, naquele momento, ele provocou em mim uma sensação inesperada, como se nunca o houvesse sentido antes. Era como se, naquele instante, eu afinal percebera o indecifrável significado daquele aroma. Teria de expressar aquilo, mas como? Ou melhor, como expressar aquela sensação de coisa nova, se não sabia que sentido tinha? Como dizer o que não se sabe? Mas era preciso dizê-lo, porque a poesia é exatamente isto: dizer o não dito. E passaram-se dias sem que o conseguisse e sem que desistisse de dizê-lo. A solução foi ler sobre o tema, ler sobre a tangerina. Não sei o que me levou a tomar essa decisão, mas foi o que fiz à falta de outra coisa. E, não sei como nem onde, terminei descobrindo que há um mineral que tem cheiro – o enxofre. Mas não dei importância a isso até que, dias depois, indo de carro para a praia, me veio à cabeça este verso: "Com raras exceções/ os minerais não têm cheiro". Era o começo do poema, que eclodiu sem que eu esperasse. De qualquer modo, essa frase aparentemente inesperada abriu caminho a uma reflexão sobre o fato de que o sumo da tangerina tem cheiro, e isso tornou possível o poema que até então não conseguia escrever. Foi o seu começo, permitiu que ele nascesse.

    E, por falar nisso, como nasceu este outro poema longo que tomou o título de *Nasce o poema*? Não me lembrava, peguei o livro e abri:

> há quem pense
>   que sabe
>   como deve ser o poema

    E vi que ele começa como um poema curto. E agora, como fica a minha teoria? Mas encontro a explicação: esse poema surgiu de uma conversa em que me perguntaram como nasciam meus poemas. Comecei a explicar, mas me detive ao ver que aquela explicação já era um poema. Interrompi a conversa e fui para casa, onde de imediato comecei a fazê-lo. A explicação é que ele nasceu independentemente de qualquer intenção minha de escrevê-lo.

Logo no começo, digo que a poesia irrompe de onde menos se espera.

          às vezes
  num moer
  de silêncio
  num pequeno armarinho no Estácio
  de tarde:

Ao escrever isso, volto no tempo e me encontro num fim de tarde, próximo à antiga sede da revista *Manchete*, onde trabalhava. Voltávamos para casa, eu e Amilcar de Castro, naquele dia muito quente, e o ônibus que deveríamos tomar não vinha. Foi então que, para fugir ao calor do sol, entrei no pequeno armarinho, onde havia sombra e silêncio.

Ao ser transportado para aquela tarde, o poema passa a falar dela e, inesperadamente, se transforma na evocação de vários momentos de meu passado e, ao mesmo tempo, numa reflexão sobre o próprio nascer do poema, fruto de fatores casuais que se tornam necessários no processo da criação.

Naquela época, essa dialética do acaso e da necessidade, não a havia ainda percebido, embora ela esteja evidente, particularmente neste poema, que nasceu imprevisível e ganhou significação com o inesperado retorno ao passado.

A memória é um mistério. Até aquele momento, nunca me havia lembrado daquele fim de tarde no Estácio quando eu e Amilcar esperávamos o ônibus Rio Comprido-Leblon, que nos levaria para casa. É que, naquela esquecida tarde, quando entrei na loja do Kalil, deparei-me com algumas xícaras empoeiradas que ali estavam para vender, dentro de um cesto. Por que ficaram para sempre gravadas em minha memória, não sei. A verdade é que foi a lembrança delas que deflagrou tudo o que, a partir dali, constitui o poema.

Contraditoriamente, no livro seguinte, *Muitas vozes* (1999), procuro em alguns poemas me livrar das lembranças, da memória. Não pretendo reduzir o livro a tal propósito; a verdade, porém, é que, nele, acentua-se a necessidade de livrar-me do passado para viver o presente, talvez porque, com a idade, o peso do vivido tenda a nos impedir de viver o momento atual. Por isso mesmo, o poema *Extravio* termina assim:

> Estou disperso nos vivos,
> em seu corpo, em seu olfato,
> onde durmo feito aroma
> ou voz que também não fala.
>
> Ah, ser somente o presente:
> esta manhã, esta sala.

O meu último livro de poemas, *Em alguma parte alguma,* foi publicado em 2010, onze anos depois do livro anterior. Demoro a publicar livros de poemas porque escrevo pouco, e escrevo pouco porque só o faço movido pelo que chamo de espanto. Como os espantos foram se tornando raros, eu raramente escrevo algum poema. E não pode ser de outro modo, pois, do contrário, o poema não nasce e, se nasce, nasce ruim.

Chamo de espanto o estado de perplexidade em que subitamente me encontro, seja por que motivo for. Esse estado de perplexidade é que torna possível o poema, já que, em estado normal, não consigo escrevê-lo.

Para me espantar não é necessário que ocorra algum fato extraordinário; nada disso. Em geral, o espanto ocorre nas situações mais comuns, que é quando o inesperado se revela. Exemplo disso ocorreu quando, ao me levantar para atender ao telefone, senti o fêmur chocar-se com o osso da minha bacia. Ao terminar a conversa ao telefone, me perguntei perplexo: "Mas eu tenho um osso dentro de mim?".

Certamente, todos sabemos que possuímos um esqueleto dentro do corpo. Mas uma coisa é saber disso teoricamente; outra, muito diferente, é sentir um osso enorme como é o fêmur chocar-se com o osso da bacia, dentro de nós. "Esse osso sou eu? Também sou esse osso?" E aí nasceu o poema que se chama *Acidente na sala.*

Sucede, porém, que há outros espantos, nascidos até mesmo de uma palavra ou de uma nesga de nuvem azul no céu sobre o mar em Copacabana. E essa nesga de nuvem me fez pensar que, em algum dia futuro, alguém a verá quando eu já não mais existir. E quem sabe pensará que, nela, ainda estarei eu sorrindo, antes de me dissipar para sempre.

Enfim, o que é o espanto que faz nascer o poema? É a súbita constatação de que o mundo não está explicado e, por isso, a cada momento, nos põe diante de seu invencível mistério. Tentar expressá-lo é a pretensão do poeta.

Essa pretensão tornou-se tema de poemas que escrevi nos últimos anos e, particularmente, poemas desse último livro. Não por acaso, o poema que abre o livro se intitula *Fica o não dito por dito,* onde pergunto:

então ele disse
    o que disse
sem saber o que dizia?
então ele o sabia sem sabê-lo?
então só soube ao dizê-lo?
ou porque se já o soubesse
    não o diria?

é que só o que não se sabe é poesia

★ ★ ★

Manifesto

A expressão *neoconcreto* é uma tomada de posição em face da arte não figurativa "geométrica" (neoplasticismo, construtivismo, suprematismo, Escola de Ulm) e particularmente em face da arte concreta levada a uma perigosa exacerbação racionalista. Trabalhando no campo da pintura, escultura, gravura e literatura, os artistas que participam desta I Exposição Neoconcreta encontraram-se, por força de suas experiências, na contingência de rever as posições teóricas adotadas até aqui em face da arte concreta, uma vez que nenhuma delas "compreende" satisfatoriamente as possibilidades expressivas abertas por essas experiências.

Nascida com o cubismo, de uma reação à dissolvência impressionista da linguagem pictórica, era natural que a arte dita geométrica se colocasse numa posição diametralmente oposta às facilidades técnicas e alusivas da pintura corrente. As novas conquistas da física e da mecânica, abrindo uma perspectiva ampla para o pensamento objetivo, incentivariam, nos continuadores dessa revolução, a tendência à racionalização cada vez maior dos processos e dos propósitos da pintura. Uma noção mecanicista de construção invadiria a linguagem dos pintores e dos escultores, gerando, por sua vez, reações igualmente extremistas, de caráter retrógrado como o realismo mágico ou irracionalista como o Dada e o surrealismo. Não resta dúvida, entretanto, que, por trás de suas teorias que consagravam a objetividade da ciência e a precisão da mecânica, os verdadeiros artistas — como é o caso, por exemplo, de Mondrian ou Pevsner — construíam sua obra e, no corpo a corpo com a expressão, superaram, muitas vezes, os limites impostos pela teoria. Mas a obra desses artistas tem sido até hoje interpretada na base dos princípios teóricos que essa obra mesma negou. Propomos uma reinterpretação do neoplasticismo, do construtivismo e dos demais movimentos afins, na base de suas conquistas de expressão e dando prevalência à obra sobre a teoria. Se pretendermos entender a pintura de Mondrian pelas suas teorias, seremos obrigados a escolher entre as duas. Ou bem a profecia de uma total integração da arte na vida cotidiana parece-nos possível e vemos na obra de Mondrian os primeiros passos nesse sentido, ou essa integração nos parece cada vez mais remota e a sua obra se nos mostra frustrada. Ou bem a vertical e a horizontal são mesmo os ritmos fundamentais do universo e a obra de Mondrian é a aplicação desse princípio universal ou o princípio é falho e sua obra se revela fundada sobre uma ilusão. Mas a verdade é que a obra de Mondrian aí está, viva e fecunda, acima dessas contradições teóricas. De nada nos servirá ver em Mondrian o destrutor da superfície, do plano e da linha, se não atentamos para o novo espaço que essa destruição construiu.

O mesmo se pode dizer de Vantongerloo ou de Pevsner. Não importa que equações matemáticas estão na raiz de uma escultura ou de um quadro de Vantongerloo, desde que só à experiência direta da percepção a obra entrega a "significação" de seus ritmos e de suas cores.

Se Pevsner partiu ou não de figuras da geometria descritiva é uma questão sem interesse em face do novo espaço que as suas esculturas fazem nascer e da expressão cósmico-orgânica que, através dele, suas formas revelam. Terá interesse cultural específico determinar as aproximações entre os objetos artísticos e os instrumentos científicos, entre a intuição do artista e o pensamento objetivo do físico e do engenheiro. Mas, do ponto de vista estético, a obra começa a interessar precisamente pelo que nela há que transcende essas aproximações exteriores: pelo universo de significações existenciais que ela a um tempo funda e revela.

Malevitch, por ter reconhecido o primado da "pura sensibilidade na arte", salvou as suas definições teóricas das limitações do racionalismo e do mecanicismo, dando a sua pintura uma dimensão transcendente que lhe garante hoje uma notável atualidade. Mas Malevitch pagou caro a coragem de se opor, simultaneamente, ao figurativismo e à abstração mecanicista, tendo sido considerado até hoje, por certos teóricos racionalistas, como um ingênuo que não compreendera bem o verdadeiro sentido da nova plástica... Na verdade, Malevitch já exprimia, dentro da pintura "geométrica" uma insatisfação, uma vontade de transcendência do racional e do sensorial que hoje se manifesta de maneira irreprimível.

O *neoconcreto*, nascido de uma necessidade de exprimir a complexa realidade do homem moderno dentro da linguagem estrutural da nova plástica, nega a validez das atitudes cientificistas e positivistas em arte e repõe o problema da expressão, incorporando as novas dimensões "verbais" criadas pela arte não figurativa construtiva. O racionalismo rouba à arte toda a autonomia e substitui as qualidades intransferíveis da obra de arte por noções da objetividade científica: assim os conceitos de forma, espaço, tempo, estrutura — que na linguagem das artes estão ligados a uma significação existencial, emotiva, afetiva – são confundidos com a aplicação teórica que deles faz a ciência. Na verdade, em nome de preconceitos que hoje a filosofia denuncia (M. Merleau-Ponty, E. Cassirer, S. Langer) – e que ruem em todos os campos, a começar pela biologia moderna, que supera o mecanicismo pavloviano – os concretos racionalistas ainda veem o homem como uma máquina entre máquinas e procuram limitar a arte à expressão dessa realidade teórica.

Não concebemos a obra de arte nem como "máquina" nem como "objeto", mas como um *quasi-corpus*, isto é, um ser cuja realidade não se esgota nas relações exteriores de seus elementos; um ser que, decomponível em partes pela análise, só se dá plenamente à abordagem direta, fenomenológica. Acreditamos que a obra de arte supera o mecanicismo material sobre o qual repousa, não por alguma virtude extraterrena: supera-o por transcender essas relações mecânicas (que a Gestalt objetiva) e por criar para si uma significação tácita (M.-Ponty) que emerge nela pela primeira vez. Se tivéssemos que buscar um símile para a obra de arte, não poderíamos encontrar, portanto, nem na máquina nem no objeto tomados objetivamente, mas, como S. Langer e W. Weidlé, nos organismos vivos. Essa comparação, entretanto, ainda não bastaria para expressar a realidade específica do organismo estético.

É porque a obra de arte não se limita a *ocupar um lugar* no espaço objetivo – mas o transcende ao fundar nele uma significação nova – que as noções objetivas de tempo, espaço, forma, estrutura, cor, etc. não são suficientes para compreender a obra de arte, para dar conta de sua "realidade".

A dificuldade de uma terminologia precisa para exprimir um mundo que não se rende a noções levou a crítica de arte ao uso indiscriminado de palavras que traem a complexidade da obra criada. A influência da tecnologia e da ciência também aqui se manifestou, a ponto de hoje, invertendo-se os papéis, certos artistas, ofuscados por essa terminologia, tentarem fazer arte partindo dessas noções objetivas para aplicá-las como método criativo. Inevitavelmente, os artistas que assim procedem apenas ilustram noções *a priori*, limitados que estão por um método que já lhes prescreve, de antemão, o resultado do trabalho. Furtando-se à criação espontânea, intuitiva, reduzindo-se a um corpo objetivo num espaço objetivo, o artista concreto racionalista, com seus quadros, apenas solicita de si e do espectador uma reação de estímulo e reflexo: fala ao olho como instrumento, e não ao olho como um modo humano de ter o mundo e se dar a ele; fala ao olho-máquina e não ao olho-corpo.

  É porque a obra de arte transcende o espaço mecânico que, nela, as noções de causa e efeito perdem qualquer validez, e as noções de tempo, espaço, forma, cor estão de tal modo integradas – pelo fato mesmo de que não pre-existiam, como noções, à obra – que seria impossível falar delas como de termos decomponíveis. A arte *neoconcreta*, afirmando a integração absoluta desses elementos, acredita que o vocabulário "geométrico" que utiliza pode assumir a expressão de realidades humanas complexas, tal como o provam muitas das obras de Mondrian, Malevitch, Pevsner, Gabo, Sophie Taeuber-Arp, etc. Se mesmo esses artistas às vezes confundiam o conceito de forma-mecânica com o de forma-expressiva, urge esclarecer que, na linguagem de arte, as formas ditas geométricas perdem o caráter objetivo da geometria para se fazerem veículo da imaginação. A Gestalt, sendo ainda uma psicologia causalista, também é insuficiente para nos fazer compreender esse fenômeno que dissolve o espaço e a forma como realidades causalmente determináveis e os dá como *tempo* — como *espacialização da obra*. Entenda-se por espacialização da obra o fato de que *ela está sempre se fazendo presente*, está sempre recomeçando o impulso que a gerou e de que *ela era já a origem*. E se essa descrição nos remete igualmente à experiência primeira — plena — do real, é que a arte *neoconcreta* não pretende nada menos que reacender essa experiência. A arte *neoconcreta* funda um novo "espaço" expressivo.

Essa posição é igualmente válida para a poesia neoconcreta que denuncia, na poesia concreta, o mesmo objetivismo mecanicista da pintura. Os poetas concretos racionalistas também puseram como ideal de sua arte a imitação da máquina. Também para ele o espaço e o tempo não são mais que relações exteriores entre palavras-objeto. Ora, se assim é, a página se reduz a um espaço gráfico e a palavra a um elemento desse espaço. Como na pintura, o visual aqui se reduz ao ótico e o poema não ultrapassa a dimensão gráfica. A poesia neoconcreta rejeita tais noções espúrias e, fiel à natureza mesma da linguagem, afirma o poema como um ser temporal. No tempo, e não no espaço, a palavra desdobra a sua complexa natureza significativa. A página na poesia neoconcreta é a espacialização do tempo verbal: é pausa, silêncio, tempo. Não se trata, evidentemente, de voltar ao conceito de tempo da poesia discursiva, porque enquanto nesta a linguagem flui em sucessão, na poesia neoconcreta a linguagem *se abre* em duração. Consequentemente, ao contrário do concretismo racionalista, que toma a palavra como objeto e a transforma em mero sinal ótico, a poesia neoconcreta devolve-a à sua condição de "verbo", isto é, de modo humano de apresentação do real. Na poesia neoconcreta a linguagem não escorre: dura.

Por sua vez, a prosa neoconcreta, abrindo um novo campo para as experiências expressivas, recupera a linguagem como fluxo, superando suas contingências sintáticas e dando um sentido novo, mais amplo, a certas soluções tidas até aqui equivocamente como poesia.

É assim que, na pintura como na poesia, na prosa como na escultura e na gravura, a arte neoconcreta reafirma a independência da criação artística em face do conhecimento objetivo (ciência) e do conhecimento prático (moral, politica, indústria, etc.).

Os participantes desta I Exposição Neoconcreta não constituem um "grupo". Não os ligam princípios dogmáticos. A afinidade evidente das pesquisas que realizam em vários campos os aproximou e os reuniu aqui. O compromisso que os prende, prende-os primeiramente cada um à sua experiência, e eles estarão juntos enquanto dure a afinidade profunda que os aproximou.

AMILCAR DE CASTRO
FERREIRA GULLAR
FRANZ WEISSMANN
LYGIA CLARK
LYGIA PAPE
REYNALDO JARDIM
THEON SPANUDIS

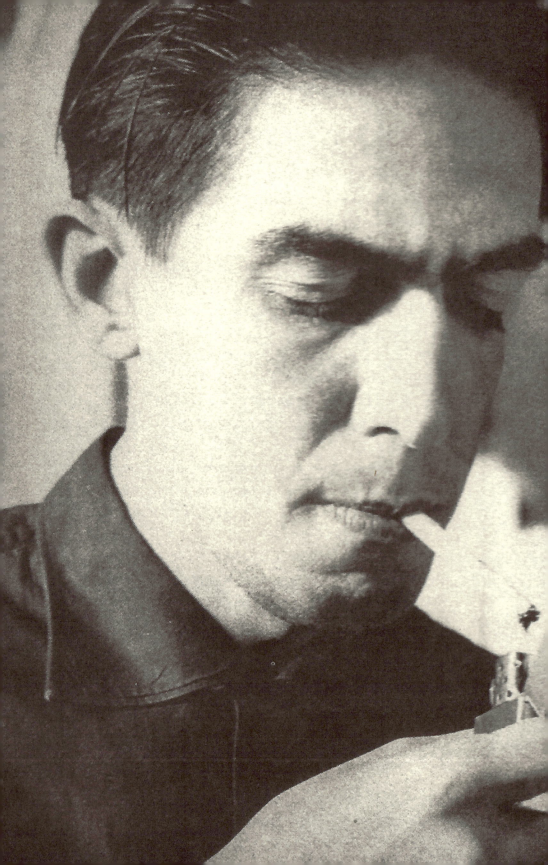

Rio de Janeiro, anos 1950. (Foto: Andrade)

Entrevistas

"Grande parte da minha biblioteca sempre foi sobre arte, um assunto que estudei e sobre o qual refleti a vida toda. E, claro, tem livros de poesia, romances, e boa parte dela é de ensaios literários e filosofia. A biblioteca não é uma coisa fixa, ela vai se modificando."

O poeta fala de poesia[*]

P – *Para que serve a poesia? Qual o seu papel no mundo moderno?*
R – A poesia serve e tem servido para muita coisa: carreira política, "papar" mulher, obter emprego, não se matar, conhecer os outros, ser feliz, alienar-se, conscientizar-se, suicidar-se... Através dos tempos, a poesia cantou e contou batalhas, mentiu muito, louvou heróis falsos e verdadeiros. Divertiu as cortes, defendeu os valores aristocráticos, criticou os tiranos, ajudou a desvelar a alma humana, louvou o trabalho, condenou a injustiça, exaltou o amor, a beleza e a vida. À medida que o mundo evolui, a poesia o acompanha e se adapta às novas condições. Não resta dúvida de que o surgimento dos meios de comunicação

---

[*] Entrevista originalmente publicada na *Revista Civilização Brasileira*, n. 4, setembro de 1965. Depoimento colhido por Olga Werneck.

de massa e a própria cultura de massa deram a outras artes, que não a poesia, papel preponderante no mundo de hoje. Mas, mesmo assim, a poesia continua a ter o seu papel, que a torna mais ou menos importante de acordo com as circunstâncias. Evidentemente, a poesia só poderá ter função no mundo moderno se ela falar dele, se se voltar para os problemas, as lutas e as perplexidades do homem de hoje.

P – *É a poesia acessível ao povo ou só pode ser entendida por uma elite culta?*
R – Existe uma poesia do povo, que vai rolando por aí, na tradição oral, transformando-se em adivinhações, ditos, misturada com fábula, superstição, música, humor, sarcasmo e pornografia. Existe, ainda, uma poesia popular, dos folhetos de feira, que tem autor e amplo mercado de consumo, já é mercadoria. Existe também um consumo suburbano e urbano de uma poesia romântica, passadista, sentimental, mas que corresponde a determinado nível de consciência da classe média. E existe uma poesia que corresponde ao grau de desenvolvimento cultural mais alto do país; esta é complexa, problemática e dinâmica. O caráter isolacionista dum tipo de poesia depende em parte de seu caráter de classe, em parte da visão de mundo do poeta. Não há dúvida de que determinado tipo de experiência poética é de difícil comunicação para além de um círculo restrito de pessoas: quanto mais pessoal, subjetiva, a experiência, mais difícil sua comunicação. Essa dificuldade se agrava na medida em que a experiência se "especializa".

Por exemplo: se o poeta dá preponderância, em sua temática, às suas experiências com a linguagem, mais restrito será o âmbito de leitores que se interessarão pelo que ele fala... O interesse do leitor é a chave da poesia. Se falo do que interessa a um maior número de pessoas, maior possibilidade tenho de ser ouvido. O problema fundamental é que o poeta viva as experiências comuns de seu tempo, aceite-as como tais e fale delas. Desde logo, deve-se descartar a hipótese de uma poesia capaz de abranger, diretamente, todas as classes e todos os níveis de interesse. Mas o poeta deve-se esforçar para encontrar a linguagem mais rica e mais ampla possível.

P – *Como encara a poesia brasileira do momento? O que a caracteriza e quais são as suas perspectivas?*
R – Tomando como "poesia brasileira do momento" a produção daquela camada mais atuante e mais em dia com os problemas culturais, constatamos nela pelo menos duas tendências principais: uma em que se dá preponderância às questões do instrumento poético – a linguagem – e outra mais voltada para o tema. É evidente que, do mesmo modo que a tendência "formalista" também se preocupa com o conteúdo, a "conteudística" preocupa-se com as questões formais. A diferença está na importância maior que cada uma dessas tendências atribui aos polos contrários da questão forma-conteúdo. De minha parte, acredito que só o corpo a corpo com a vida, a identificação com os problemas do povo, do homem comum, e a tentativa de levar a linguagem a abranger os mais prosaicos aspectos

da experiência social poderão conduzir a poesia à altura do momento que vivemos. Essa poesia será nova por ser atual e atuante; não apenas por ser "formalmente diferente". Ela irá surgindo, ganhando corpo, dia a dia numa longa e difícil elaboração. A forma não é a criação particular de um único artista, mas produto de inumeráveis fatores que levam a experiência a exceder as formas existentes. A forma é, por isso, social.

Este, parece-me, é o caminho que a poesia brasileira está tomando. E não há outro rumo para o poeta, hoje, quando o problema da própria sobrevivência da humanidade se coloca no centro dos acontecimentos diários. O poeta, que já serviu aos príncipes e aos nobres e que, depois de marginalizado, negou a vida cotidiana, tem hoje a obrigação de manter vivo nos homens o amor à vida, a esperança num mundo fraterno e justo. Para cumprir essa missão, a poesia deve falar ao maior número possível de pessoas. Mas, para isso, é necessário que o poeta esteja do lado da maioria.

P – *O que acha da declamação da poesia e da poesia popular oral?*

R – A poesia deve se valer de todos os meios ao seu alcance para atingir o povo. Dizer a poesia é um dos modos mais eficazes de comunicá-la. Já de algum tempo para cá surgiram, no Brasil, os "jograis de poesia". Nas assembleias estudantis e nos sindicatos de trabalhadores, tais jograis obtiveram ótimos resultados. Esses grupos se reorganizam, hoje, e voltam a atuar ainda modestamente. Há pouco tivemos a dramatização de poemas de Reynaldo Jardim dirigida por Léo Victor, no Teatro do Rio. A utilização de poemas e textos diversos no espetáculo *Liberdade, liberdade*, de Flávio Rangel e Millôr Fernandes, apresentado em todo o país, também se integra, como o espetáculo *Meia volta vou ver,* de Oduvaldo Vianna Filho, nesse movimento de oralização e dramatização da poesia. Acho mesmo que os poetas devem tentar escrever poemas especialmente para recitação coletiva, o que pode abrir novos caminhos à experiência poética. Cheguei a escrever um poema desse tipo, na época do CPC da UNE, mas o texto se extraviou durante o golpe militar de abril.

P – *Qual o seu conceito pessoal de poesia? O que a distingue das outras formas de arte literária?*
R – Do ponto de vista da linguagem, pode-se dizer que a poesia é um instante de alta concentração dos elementos verbais. Quando se dá essa *alta concentração*, há poesia. E isso acontece eventualmente num texto de prosa, num artigo de jornal, durante uma palestra. E nas definições científicas, como é o caso das Leis de Newton. O poema, porém, é a precipitação voluntária e sistemática dessa concentração vocabular.

A concentração verbal não deve ser confundida com intensidade rítmica ou retórica, podendo se dar juntamente ou independentemente desses fatores. Não pode ser confundida com verbalismo, tipo de poesia que, às vezes, encanta, engana, mas não resiste muito tempo. A verdadeira poesia resulta de um conhecimento real que o poeta procura comunicar. Resta saber que conhecimento é esse.

Há quem pretenda afirmar a existência de um conhecimento poético independente da razão conceitual. Esse equívoco se origina do fato de ser a poesia a mais imediata formulação da experiência vivida. O poeta está sempre exprimindo o "aqui" e o "agora", isto é, o fato novo que rompe subitamente o tecido da linguagem. O poema é, nesse sentido, "teoria de emergência", recurso urgente com que o poeta fecha a ferida por onde a realidade parece se esvair. Daí sua complexidade, daí também sua aparente independência com respeito à lógica dos conceitos. Digo aparente porque, se houve ruptura, é que havia ordem; se houve "espanto", é que o poeta tinha, antes, uma visão de mundo qualquer. O poeta não é, nem poderia ser, uma consciência sem passado, sem história, capaz de formular o "agora" livre de qualquer "pré-conceito". A poesia não é um tipo novo de conhecimento, mas um trabalho contra a inércia da linguagem que tende a anular a experiência presente absorvendo-a em formas viciadas. A experiência nova rompe as formas e exige outras, e o poeta as cria. O poeta está, portanto, sempre apoiado na linguagem existente, nas formas em uso: ele não é um inventor da linguagem, mas um recriador de algumas de suas formas. É a preexistência do poeta, do mundo, da linguagem, que torna possível o poema, o qual não é um meteoro caído do espaço sideral, mas produto do dia a dia, da experiência social. Por isso, o poema tem haste, como a flor, e essa haste é o vínculo que a imaginação poética mantém com a lógica dos fatos, com o mundo conceitual. Todo poema se apoia numa intenção determinada – *o que o poeta quer dizer*. Consciente ou inconscientemente, o poeta constrói o poema em torno desse núcleo, que é o centro impulsor das imagens e metáforas e, ao mesmo tempo, o ponto de convergência das significações, onde todas elas se decifram mutuamente. A vontade de realizar-se um poema sem vínculo, sem nexo com o pensamento conceitual, está presente como a mais alta aspiração de certa tendência da poesia moderna, de Rimbaud, Mallarmé, Valéry aos surrealistas e aos concretistas. "Esperava as puras/ transparentes florações/ nascidas do ar, no ar,/ como as brisas" – escreveu João Cabral de Melo Neto. Mas tanto a *écriture automatique* dos surrealistas como o automatismo visual dos concretistas – tentativas extremas de realizar aquele ideal do "poema puro" – demonstram a pobreza e a limitação de tal intento. A vontade do poema sem haste reflete a necessidade de um comportamento "acima da contingência", acima dos condicionamentos históricos e naturais. O nexo do poema com o mundo conceitual é, como a haste da flor, o sinal de sua condição natural, de coisa do mundo onde não há milagres: a flor precisa da haste, como o mais "puro espírito" precisa de um corpo.

É através desse nexo que a experiência se converte em imagens, e é também através dele que se torna possível ao leitor operar a reconversão das imagens em experiência, recuperando, através delas, o mundo e a história. Esse nexo é, pois, no poema, a presença do "outro", do leitor – a possibilidade de comunicação.

P – *Qual a sua experiência pessoal como autor de poesia? Sofreu alguma evolução formal ou temática? E quais as influências de sua formação poética?*

R – Comecei fazendo sonetos e trovas, como bom provinciano, certo de que todos os poetas já tinham morrido. Tornei-me afiado no decassílabo e no alexandrino. Depois conheci o verso livre, pratiquei-o ainda amarrado, até que me libertei do aprendizado acadêmico e comecei de novo. Estou sempre pronto a começar de novo. Essa nova etapa compreende os poemas de A luta corporal, 1950 a 1953. Já então lera os poetas brasileiros modernos, alguns portugueses, franceses, ingleses, alemães: Rilke, Höelderlin, Pessoa, Bandeira, Drummond, Rimbaud, Lautréamont, Valéry, Eliot, Mallarmé, Saint-John Perse, Artaud, René Char. Aos vinte anos, compreendera que a poesia não podia ter por finalidade embasbacar os tolos ou conduzir à Academia Brasileira. De um lado, uma vida sórdida, amarga, sem sentido, que desembocava na morte; de outro lado, a poesia – uma espécie de "outra vida", de antimundo. Rejeitei a vida com que pretendiam esmagar-me e, como a morte era inevitável, escolhi consumir-me ("num sol que jamais somos",/ intensa e rapidamente contra o mundo "deles"). Os poemas dessa época exprimem, no fundo, esse problema e essa opção. A "luta corporal" era a luta contra o corpo: o corpo que, mortal, sexual, faminto, me insere na vida social. Devia destruí-lo. Conformara-me, sem qualquer perspectiva otimista, em ser apenas um desastre na cara do mundo. E quase o consigo!

A essa filosofia suicida correspondia uma problemática estética de liquidação da linguagem enquanto instrumento comunitário: via-a como o veículo de um secular acúmulo de experiências que haviam conduzido a uma vida abominável, a um mundo destituído de sentido. "Só a intuição poética pode conhecer a verdadeira realidade", pensava eu, e ia eliminando dos poemas qualquer resíduo de conceito ou lógica. É claro que jamais consegui realizar plenamente esse propósito. Até que dei um salto e escrevi o *Roçzeiral*, poema em que as palavras aparecem totalmente diladeradas e aglutinadas, sem qualquer ordem conceitual aparente. Foi uma vitória e uma derrota: o poema "ideal" era incomunicável. Dei por finda minha tarefa: a poesia acabara... Mas eu continuava vivo! O concretismo foi, para mim, uma última tentativa de vencer o impasse. Cheguei, por outro caminho, ao silêncio. E vi-me devolvido ao mundo, já sem as ilusões da poesia e sem o desespero da adolescência. Resolvi, então, começar de novo. Aprender outra vez as coisas e fazer a poesia possível. Despida das metáforas e das angústias de outrora, a vida é espessa, complexa, rica. E pode ser melhor do que é. Pode ser mudada. Os poetas podem ajudar nisso.

P – *O que acha da inspiração e por que escreve poesia?*
R – Considero respondidas essas perguntas. O que se chamou de inspiração é o "espanto", a que se refere Platão como fonte do conhecimento: a ruptura do mundo conceituado pela experiência nova. Por que

escrevo poesia? Cito Gide: "a arte começa quando viver já não é suficiente para exprimir a vida".

P – *Como encara e como soluciona em sua obra a relação forma-conteúdo?*
R – Este é o mais importante problema da estética, e especialmente de uma estética marxista. Se forma e conteúdo não podem ser tomados isoladamente, tão pouco devemos esquecer que sua unidade resulta da síntese de contrários: é uma unidade dialética. A poesia se dá ao leitor formulada, e essa forma é a fixação de dado momento da experiência histórica. O leitor encontra naquele poema – naquela forma – a expressão formulada de emoções que experimentara sem exprimir. Pode acontecer também que o poema desperte, nele, a necessidade de exprimir algo que está latente naquela forma: ele a adota e a transforma.

Por ser uma unidade dialética, o poema, ao se completar, dá origem a uma contradição entre sua forma-conteúdo, "concluída", e a experiência geral que o precede e o ultrapassa. Se se aceita que a forma resulta da elaboração da experiência não formulada ainda, então o conteúdo é o fator dinâmico de criação e transformação das formas.

Esse problema esclarece outro: o da qualidade da obra. Que é um bom poema, um mau poema? O bom poema é o bem rimado, bem metrificado? Não, evidentemente. Será o que revela apuro e domínio da linguagem? Certo que o bom poema deve ter essas qualidades, mas elas não bastam, pois não basta "escrever bem" para ser bom escritor: é preciso dizer alguma coisa. A boa obra é, portanto, aquela que exprime determinada experiência abrangendo-lhe toda a complexidade e a riqueza. Mas só se podem exprimir as contradições inerentes a determinada experiência quando se dispõe a descer profundamente nela, sem preconceitos. Sucede, porém, que todo homem tem conceitos prévios sobre a realidade. Assim, a luta começa contra os próprios conceitos do poeta, conceitos que implicam juízos mas formas também. Seria ilusão supor que a obra emergirá, dessa luta, pura e absolutamente nova. Nada disso: ela é fruto do velho e do novo, do passado e do presente, do preconceito e da experiência nova que ali se formula. Nada se cria do nada. *A obra exprimirá, entre outras coisas, o nível de liberdade que o autor pôde alcançar na sua tentativa de exprimir todos os aspectos do real.* A forma, assim criada, supera os conceitos de "feio" ou "belo", "acadêmico" ou "original": será a melhor forma capaz de exprimir determinado conteúdo; será, sem alarde, forma revolucionária, porque viva, ativa. Não pode ser julgada em função de preconceitos estéticos, mas proporá, aos críticos, a mesma luta com formas e juízos que o autor teve de enfrentar para fazer a obra.

Se assim é, se a realização da obra implica todo um processo dialético, que abrange tanto o nível das formas como o dos conceitos, seria errado exigir da crítica uma apreciação voltada para as questões formais, fechando a obra ao exame das indagações conceituáveis. Como vimos, o que se dá é um choque entre o conceito e a experiência nova – que é nova em função do conceito que a procedeu, a visão de mundo do poeta, do artista. No processo de elaboração da obra, o que o artista busca é reencontrar a unidade entre sua visão de mundo e o fato novo que acaba de emergir e que é, por natureza, não conceituado, perturbador. Se ele se prende ao conceito, mata o fato, mata o novo; se se rende ao fato, se pretende exprimi-lo na sua "absoluta novidade", retira-lhe o caráter dialético, uma vez que o fato é novo em relação ao conceito, ao mundo, ao passado. Só na medida em que o poeta consiga manter o vínculo entre a experiência nova e o passado – que é o seu passado –, transformando-o em função dela, estará fazendo "obra", isto é, história. Assim, toda obra, por mais nova que seja a experiência que exprime, possui um vínculo conceitual que é a chave de sua significação fundamental. Daí por que toda obra de arte é, em última instância, filosófica, política, ideológica.

As bibliotecas do poeta*

Dizer que o poeta Ferreira Gullar descobriu a poesia na Biblioteca Pública de São Luís do Maranhão, onde nasceu em 1930, seria certamente um exagero. Mas que a instituição fundada em 1831 – hoje Biblioteca Pública Benedito Leite – teve um papel de destaque em sua vida é fato reconhecido por ele em várias oportunidades. Foi lá, no antigo prédio da rua da Paz, que devorou as obras de autores maranhenses e, depois, de outros poetas e de críticos literários que o ajudaram a compreender a poesia moderna. Livros em que encontrou abrigo para fugir da vida "sufocante e pouca" e para inventar "um mundo feérico e feroz", como escreveu, certa vez, em artigo autobiográfico.

---

* Entrevista concedida a Sheila Kaplan e Maria Amélia Mello, realizada em 2014 e publicada na *Revista do Livro da Biblioteca Nacional*, n. 55, 2015. Sheila Kaplan é jornalista e editora, doutora em Literatura Brasileira pela PUC-Rio, com a tese *Murilo Mendes: Poeta colecionador*. Maria Amélia Mello, jornalista, é, hoje, editora na Autêntica; foi, durante muitos anos, editora da José Olympio.

Depois desta, pelo menos duas outras bibliotecas fizeram parte de sua rotina como leitor. A Biblioteca Nacional, no Rio de Janeiro, onde, debruçado sobre publicações francesas, encantou-se com poetas como Lautréamont e Artaud, e a Biblioteca Pública de Lima, no Peru, quando, exilado, morou nesta cidade.

Neste ano em que se comemoram os sessenta anos do lançamento de *A luta corporal* (1954) – "livro-marco de nova etapa de nossas letras", como resumiu o crítico Mário da Silva Brito –, o poeta conversa com a *Revista do Livro* sobre sua relação com as bibliotecas e os livros. Em seu apartamento, em Copacabana, de paredes repletas de pinturas, ele conta como, ao longo das múltiplas atividades exercidas, sempre acreditou na poesia como uma possibilidade de, em meio ao sofrimento e ao desamparo, acender uma luz qualquer.

Jornalista (frequentou diversas redações e foi um dos responsáveis por mudar a feição do jornalismo que se fazia no país, principalmente quando esteve no *Jornal do Brasil*), crítico de arte, roteirista de televisão, ser visceralmente político, o autor do *Poema sujo* (1976) foi sempre um incansável experimentador da palavra e da escrita, do *poema enterrado* (em que o leitor tinha de descer uma escada para chegar ao poema, escondido sob cubos coloridos) a toda sua obra poética, reunida no volume *Toda poesia* (Editora José Olympio, 1980).

Com muitos prêmios recebidos, entre eles o prestigioso Prêmio Camões, em 2010, seu nome foi escolhido para batizar a biblioteca de Xerém, em Duque de Caxias (RJ), criada em 2000. "O livro é um instrumento fundamental de construção pessoal. Somos todos uma invenção de nós mesmos", disse o poeta, durante homenagem em comemoração a seu aniversário, ano passado, na Biblioteca Pública Ferreira Gullar, reafirmando, uma vez mais, o papel central da literatura na sua vida.

Esta entrevista contou com a participação de Maria Amélia Mello, então editora da José Olympio e grande amiga de Gullar.

Revista do Livro — *Como se deu seu primeiro contato com os livros?*
Ferreira Gullar — Não havia muitos livros lá em casa na minha infância. Só um ou outro. Meu pai era quitandeiro, começou como comerciante ambulante e depois teve uma quitanda. Ele gostava de histórias policiais, que lia mais nas revistas do que em livros. Minha mãe lia romances. E eu só lia gibis, história em quadrinhos. Ler não era um hábito da família. Só quando, com uns quatorze anos, fui estudar na Escola Técnica de São Luís, uma escola de formação profissional, é que comecei a me interessar. Tinha uma professora de português muito dedicada, e certa vez ela passou uma redação para fazer em casa sobre o Dia do Trabalho. Fiz uma redação que começava assim: "No dia do trabalho ninguém trabalha". Ela gostou, achou bem escrita. Falou na turma que a redação era muito boa e que só não tinha dado dez porque havia dois erros de português. Eu não sabia o que ia fazer da minha vida e pensei: "Quem sabe eu sou escritor?". Mas compreendi que, se quisesse ser escritor,

não podia ficar errando o português, e resolvi estudar gramática. Fiquei um ano inteiro estudando gramática.

RL – *Estudando por sua conta?*
FG – É, só lia isso: gramática. Até hoje lembro o título do livro, *Gramática expositiva*, de Eduardo Carlos Pereira. Nesse livro, havia uma antologia de poetas da língua portuguesa, de antes de Camões até o Modernismo. Um ou dois poemas de cada autor. Comecei a ler os poemas e a me interessar. Eu achava que os poetas todos já tinham morrido, como os que estavam no livro – Camões, Bocage, Olavo Bilac... Comecei também a fazer uns poemas. Um dia, minha irmã me falou que uma amiga dela tinha um pai que era poeta e que, como ela havia contado que eu era poeta também, ele queria me conhecer. Era um senhor, Manuel Sobrinho, membro da Academia Maranhense de Letras. Fui à casa dele, uma casinha modesta, ele estava lá de tamancos e manga de camisa, e começamos a conversar. Foi ele que me deu para ler o tratado de versificação de Olavo Bilac, para eu aprender a fazer decassílabos, dodecassílabos, sonetos. E me convidou para ir ao Centro Cultural Gonçalves Dias, onde havia poetas e senhoras que diziam poemas. Aí eu vi que a cidade era cheia de poetas! E eu achando que estava tudo morto...

RL – *Como começou na vida literária?*
FG – O começo foi assim. Fui me informando e convivendo com os poetas da minha idade e outros da geração mais velha, em São Luís. À medida que fui me interessando, e como não tinha livro em casa, comecei a frequentar a

Biblioteca Pública do Maranhão, que ficava na rua da Paz, perto da praça João Lisboa. Mas no início, eu só lia literatura maranhense. É que havia na biblioteca uma estante chamada "Autores Maranhenses". Mais tarde, pouco a pouco, fui lendo outros poetas, a partir do convívio com Manuel Sobrinho e de referências que encontrava.

RL – *São Luís vivia então uma época efervescente de poesia?*
FG – Não sei se era efervescente, mas devia ser mais do que hoje, porque a poesia já não desperta o mesmo interesse que tinha naquela época. Fiz, com o Lago Burnett, que tinha a mesma idade que eu, a revista *O Saci*, cujo nome mudamos depois para *Afluente*. Nessa época, o José Sarney, junto com Bandeira Tribuzzi, também fez uma revista, chamada *A Ilha*, de poesia moderna. O Tribuzzi tinha estudado em Coimbra, onde teve contato com a poesia moderna. A minha e do Burnett, embora antiacademia, era antiga, metrificada. Mas aí, claro, com o convívio que passamos a ter, as discussões, a gente também descobriu a poesia moderna. E começaram a aparecer livros por lá, como *Poesia até agora*, do Carlos Drummond de Andrade, publicado naquela época. O Drummond foi o primeiro poeta moderno que eu li. De cara, encontrei o poema onde fala de "lua diurética". Achei um absurdo. Lua diurética?! O que é isso? Estava acostumado com "alma minha gentil, que te partiste", de Camões. E um outro poema do Drummond – "Ponho-me a escrever teu nome/ com letras de macarrão"... Achei totalmente estranho, mas pensei que devia ter uma razão para ele escrever assim e as pessoas gostarem. Aí fui ler sobre poesia moderna.

RL – *Nessa aproximação da poesia moderna, quais os livros que leu?*

FG – Fui para a Biblioteca Pública e comecei a ler os críticos. Lá descobri *O empalhador de passarinho*, de Mário de Andrade, li *A cinza do purgatório*, do Otto Maria Carpeaux, Sérgio Milliet... Dois anos depois, em 1950, começou a sair o *Jornal de Letras*, dos irmãos João, Elysio e José Condé, que tinha como colaboradores Drummond, Manuel Bandeira e críticos como Álvaro Lins e Carpeaux. Eu já estava escrevendo poemas modernos. Até ganhei, nesse ano, um concurso de poesia promovido pelo jornal, que, se não me engano, contava com Bandeira no júri. Enfim, os críticos me deram uma luz, e ali começou uma outra relação minha com a poesia, que resultou no livro *A luta corporal*, publicado em 1954. Antes disso, eu tinha publicado *Um pouco acima do chão*, que era um livro imaturo e ainda com aquela visão acadêmica.

RL – *Pode contar como foi sua relação com a Biblioteca Pública naquela época?*

FG – A biblioteca foi muito importante, porque lá eu tive acesso a muita coisa que não encontrava nas livrarias. Tinha um bom acervo, e lá pude ler também as revistas que chegavam do Rio de Janeiro, o que fez com que eu tomasse conhecimento do que estava acontecendo naquele momento. Havia um sistema de empréstimos de livros e, se era um livro que eu queria ler com mais atenção, que demandava mais tempo, eu levava para casa e devolvia depois.

RL – *Ao mesmo tempo que frequentava a biblioteca, você foi formando uma biblioteca pessoal?*

FG – À medida que ia me interessando pelas coisas, ia comprando livros. Havia um sebo em São Luís e lembro que uma vez comprei lá os *Contos* de Hoffmann. Era um volume encadernado, integrava uma coleção tipo Círculo do Livro. Cheguei em casa e vi que o livro estava todo mofado, as páginas manchadas. Já tinha ouvido falar em E.T.A. Hoffmann e pensei "poxa, esse cara nasceu na Alemanha, no século XVIII, ele nunca imaginou que o livro dele ia ser traduzido para o português e comprado por um garoto em São Luís do Maranhão". Achava tão estranho o livro de um gênio da literatura estar todo mofado num sebo da minha cidade! Eu fazia essas reflexões, que me arrastavam para o mundo da literatura. Ao mesmo tempo me perguntava: O que é escrever? Por que eu estou escrevendo? Qual é o sentido que isso tem? Eu vivia indagando essas coisas.

RL – *Ao se mudar para o Rio de Janeiro, em 1951, você trouxe livros com você?*

FG – Quando saí de São Luís, eu vendi tudo. Trouxe meia dúzia de livros que eram especiais pra mim – romances de Machado de Assis, livros de poesia de Drummond e de Murilo Mendes, volumes de ensaios do Carpeaux e do Álvaro Lins –, o resto eu vendi. Vendi a estante, a mesa de trabalho, a máquina de escrever, tudo, inclusive para ter dinheiro para viajar. Eu tinha guardado algum dinheiro e, vendendo essas coisas, deu para juntar um pouco mais. Também não podia trazer os livros porque fui morar numa vaga de pensão, que ficava na rua Benjamin Constant, na Glória. Não era nem quarto, era uma vaga, dormiam quatro, cinco pessoas. De lá fui para outra pensão, da mesma dona, na rua Santo Amaro, e depois fui morar numa pensão perto da praça da Cruz Vermelha, dividindo quarto com dois irmãos que falavam a noite inteira. Não conseguia nem dormir, muito menos ler.

RL – *Onde foi seu primeiro emprego no Rio?*
FG – Eu trabalhava no *Jornal de Letras*, e o João Condé, sabendo que eu estava a perigo, perguntou se eu não queria trabalhar na revista do Instituto de Aposentadoria dos Comerciários (IAPC), que era feita por ele. A revista era um cabide de emprego: "não trabalhavam" lá Otto Lara Resende, Breno Accioly, Hélio Pellegrino, Lúcio Cardoso, todo mundo – só assinavam o ponto. O único que trabalhava era eu, porque, como não tinha onde ficar, lá pelo menos eu tinha mesa, máquina de escrever, telefone e tranquilidade total. E ainda recebia salário. Quando criaram a sala de imprensa do IAPC, fui trabalhar lá, fazia os textos sobre seminários, leis referentes à previdência social. Depois desse período, comecei a trabalhar na revista *Manchete*.

RL – *Foi nessa época que frequentava a Biblioteca Nacional?*
FG – Foi quando cheguei ao Rio. Como não podia ter livro e não tinha sossego para ler, eu vivia na Biblioteca Nacional. Passava o dia inteiro lá. Lia as revistas francesas de literatura e conheci os poetas modernos,

os surrealistas. Lia muito André Breton, Antonin Artaud, Lautréamont. De filosofia lia Merleau-Ponty. Não lembro de encontrar por lá outros escritores, eles talvez ficassem no setor de pesquisa. Eu ficava na sala de leitura mesmo e ia fuçando, buscando o que tinha de literatura e arte.

RL – *Em 1971, quando foi para o exílio, foi possível levar algum livro com você?*
FG – Não. A essa época, já tinha uma biblioteca boa em casa, claro. Mas os livros ficaram com a minha mulher, Thereza [Aragão], com os meus filhos. Não pude levar livros comigo, eu não sabia o que ia acontecer, estava certo de que voltaria em seis meses, não sabia que ia ficar sete anos. Não sabia nem para onde eu ia, nem o que ia fazer, não tinha ideia. Fiquei quase um ano na clandestinidade no Rio, indo de uma casa para outra, até que não tinha mais para onde ir, e saí clandestino para Moscou. Não podia levar nada.

RL – *Como aconteceu a clandestinidade?*
FG – Depois do AI-5, em 1968, quando começaram a torturar e dar sumiço nas pessoas, um companheiro do Partido Comunista foi preso e disse, sob tortura, quem pertencia ao partido. Entre essas pessoas, mencionou meu nome como membro da direção estadual do partido no Rio de Janeiro. Eu realmente tinha sido eleito membro da direção estadual, mas não trabalhava como membro. Meu nome tinha sido usado para impedir a aventura maluca da luta armada do Carlos Marighella.

Foi eleita uma diretoria, da qual eu fazia parte, para evitar que seguissem aquele rumo. O partido me avisou: "Ó, trata de sumir, porque eles sabem que você é da direção estadual e, como você é mas não é, vão te interrogar, você não vai saber dizer nada e vão te torturar até a morte". Quando já não tinha como me esconder aqui, me disseram que a ideia era que eu fosse para Moscou. Saí clandestino, com bigode e documento falso. Fui para São Paulo, de São Paulo para Porto Alegre, depois para outra cidade na fronteira e de lá atravessei para o Uruguai a fim de pegar um avião para Paris. Em Paris, o partido organizou a minha ida para Moscou, onde, com outros brasileiros e latino-americanos, comecei um curso, que foi importante para mim, chamado "Metodologia do *Capital* de Karl Marx".

RL – *Quanto tempo ficou em Moscou?*
FG – Fiquei lá cerca de dois anos. Depois, queriam que eu fosse para Paris, mas falei que queria ir para a América Latina, para perto de casa. Fui para o Chile, era o governo do Salvador Allende. Mas logo Allende foi derrubado, e quase fui preso. Consegui me safar e fui para Lima, Peru, onde estava o Darcy Ribeiro. Ficamos amigos, eu frequentava a casa dele e conversávamos de tudo, inclusive de poesia. Ele gostava de declamar poemas que sabia de cor. Observei que nunca declamava Augusto dos Anjos e quis saber a razão. Ele falou que tinha horror, isso de "escarra nessa boca que te beija". Eu falei que era preconceito, porque o poema era mais complexo do que isso. E comecei a dizer um soneto do Augusto dos Anjos

que era diferente. Quando Darcy ouviu aquilo, ficou perplexo. "É um grande poeta", concordou. Daí a um mês chegou o Fernando Gasparian, dono da editora Paz e Terra, e nos convidou para almoçar. Durante o almoço, Darcy falou que eu estava escrevendo um livro sobre Augusto dos Anjos e que era para o Gasparian editar. E mais: "Vai logo adiantando quinhentos dólares para ele...". Falei depois com Darcy: "Você é louco? Como vou fazer? Não tenho nenhum livro do Augusto dos Anjos aqui comigo". E ele: "Você se vira aí, se não escrever, também está tudo bem". Mas eu não ia receber o dinheiro e não fazer o livro. Eu sabia muitos dos poemas de cor, conhecia a história dele, então fui para a Biblioteca de Lima e comecei a tomar notas. Lá não tinha livro do Augusto dos Anjos, mas tinha alguns filósofos que ele citava, como Schopenhauer. Fui lendo essas coisas, e, depois, quando já estava em Buenos Aires, a Thereza me levou outros livros que pedi e acabei de escrever o ensaio, que a Paz e Terra publicou, e a José Olympio reeditou recentemente [*Toda poesia de Augusto dos Anjos*].

RL – *Por que você deixou Lima?*
FG – O dinheiro lá era muito pouco e recebi um convite do Almino Afonso, que estava em Buenos Aires, para dar aula como professor convidado na universidade de lá. Mas, bem no dia em que cheguei, morreu o Perón. Eu dava uma sorte... [risos]. O pessoal da universidade começou a receber ameaças, o convite para dar aula não pôde ser mantido. Eu tinha entrado legalmente em Buenos Aires e fiquei lá, ensinando português. Mas, como

exilado, num momento de preparação do golpe militar, que veio um ano e meio depois, era imprevisível o que ia acontecer comigo e com os outros exilados. Muitos trataram de ir embora. Eu não tinha para onde ir, o meu passaporte estava vencido, e fiquei. Como Buenos Aires era pertinho, a Thereza, os meus filhos e os amigos iam lá me visitar. E eles trouxeram uma parte dos meus livros para mim. Nessa época, além de política e filosofia, eu lia também os autores latino-americanos – García Márquez, Borges, Cortázar...

RL – *Dando um grande salto no tempo, falemos da sua biblioteca hoje. O lugar nobre é reservado à poesia?*
FG – Não tem isso de lugar nobre, não. Grande parte da minha biblioteca sempre foi sobre arte, um assunto que estudei e sobre o qual refleti a vida toda. E, claro, tem livros de poesia, romances, e boa parte dela é de ensaios literários e filosofia. A biblioteca não é uma coisa fixa, ela vai se modificando. Em períodos determinados, certos livros preponderavam no meu interesse. Houve um tempo em que eu lia e relia Machado de Assis. Cheguei a ler cinco vezes a obra de Machado, sobretudo os romances principais. Voltava e voltava a eles. Também certos ensaístas, certos filósofos, eu li e reli.

RL – *Você tem uma relação com o livro como objeto, uma relação de bibliófilo?*
FG – Como bibliófilo não. Mas o livro é um objeto fascinante, não só como veículo de pensamento, de poesia, de imaginação. É um objeto misterioso, que atravessa as

idades levando conhecimento. Você vê um livro medieval, um manuscrito com iluminuras, é uma coisa realmente fantástica, uma obra de arte. Posso me apaixonar pelo livro, pela textura do papel, pelo tipo da letra. Quantas vezes deixei de ler um livro porque a letra era miúda demais, estranha ou a paginação ruim. Sobretudo no que se refere ao poema, a relação com a página é importante, a letra colocada no espaço, o silêncio, que é o espaço em branco na página, isso tudo é uma coisa específica do livro, que se perde se o livro acabar.

RL – *Acredita que isso vá acontecer num horizonte próximo – o fim do livro impresso –, com a consolidação do meio eletrônico?*
FG – É evidente que o livro não vai ter a mesma função que teve até aqui. O livro digital tem um aspecto prático que certamente vai terminar predominando. Agora, isso não quer dizer que o livro vá acabar, porque muitas coisas sobrevivem, são simultâneas. Muita gente imaginava que, com a descoberta da fotografia, a pintura ia terminar, mas isso não aconteceu. Ela mudou de rumo e até se tornou mais rica, livre de copiar a realidade. Certas coisas correspondem a necessidades que são permanentes. Quando correspondem a necessidades importantes, elas se mantêm de alguma maneira, ainda que não com o mesmo peso de antes. Sejam impressos ou digitalizados, os livros são veículos do pensamento. É isso que vale. O meio evidentemente vai ter importância e influir em muita coisa, mas não a coisa fundamental, que é o pensamento, a reflexão.

Poesia: uma luz do chão*

Conheci a poesia nas antologias escolares: alguns poemas e sonetos que vinham de Camões aos simbolistas e parnasianos, mas não passavam daí. Quando comecei a escrever — por volta dos treze anos — pensava que todos os poetas já haviam morrido, e mesmo assim entreguei-me entusiasticamente a esse ofício de defuntos.

Ia para a Biblioteca Municipal e só lia poetas maranhenses. Todos os demais poetas, mesmo brasileiros, não me despertavam o menor interesse. Um dia, não sei bem quando, descobri a existência do resto do mundo — as grandes cidades distantes —, e desde então passei a sentir-me vivendo à margem da História. São Luís do Maranhão, minha cidade, com seus dias luminosos e azuis, mantinha-me entre o deslumbramento e o desespero: a vida era bela e destituída de propósito. A literatura, que me prometia

* Trecho de *Sobre arte, sobre poesia: uma luz do chão*, de Ferreira Gullar, Editora José Olympio, 2006 (coleção Sabor Literário).

uma resposta para o enigma da vida, lembrava-me a morte, com seu mundo de letras pretas impressas em páginas amarelecidas. Compreendi que a poesia devia captar a força e a vibração da vida ou não teria sentido escrever. Nem viver. Mergulhei assim numa aventura cujas consequências eram imprevisíveis. Estávamos no fim dos anos 1940, começo dos anos 1950, e os poetas que entravam em cena tornar-se-iam herméticos e frios, mas eles eram os poetas da metrópole e isso lhes dava prestígio aos meus olhos. Não firmara ainda nenhum juízo a respeito deles e seguia o rumo de minhas indagações e perplexidades. Penso ter compreendido, mais tarde, que essa geração era produto, por um lado, do pós-guerra, e por outro, do nível a que Carlos Drummond, Murilo Mendes e Jorge de Lima haviam conduzido a experiência poética no Brasil.

Rio de Janeiro, anos 1990.

Textos sobre poetas

"Noutras palavras, os poemas são
obras escritas pelos heterônimos,
não o lugar onde transcorre sua vida.
Eles habitam Fernando Pessoa,
convivem com ele, discutem com ele,
misturam sua voz à dele, o influenciam.
São, portanto, parte de Fernando
Pessoa e compõem sua personalidade
contraditória e multiforme."

Rimbaud: eu é um outro

O adolescente Jean-Nicolas Arthur Rimbaud – que, na acanhada província de Charleville, na década de 1860, usava cabelos compridos até os ombros, fumava cachimbo, insultava os padres na rua, se negava a frequentar o colégio e fugia de casa a pé para vagabundear em Paris; que renegava a família e o casamento; que se entregou às drogas, ao ocultismo e ao amor ilícito e que, depois de cruzar vários países europeus (quase sempre a pé), abandonou definitivamente a civilização para continuar sua vida aventurosa em inóspitas regiões africanas – terá sido o precursor da geração que, no século XX, contestaria os valores da civilização ocidental?

A resposta afirmativa ou negativa a essa pergunta não esgotaria a significação do desconcertante enigma que constitui a vida desse homem, cuja obra poética, concluída aos vinte anos, está entre as mais deslumbrantes criações da literatura ocidental. Ao longo das décadas, sucederam-se as tentativas de explicar a atitude desse poeta genial que parece ter desprezado a própria genialidade. Para católicos como Paul Claudel ou Gabriel Marcel, o fenômeno Rimbaud se explica como expressão de uma profunda crise religiosa; para os surrealistas, ele foi o primeiro a tentar recuperar para o homem a unidade perdida entre a realidade e o sonho; para os marxistas, ele expressa a rejeição dos valores burgueses, e sua crise existencial foi precipitada pelo esmagamento da Comuna de Paris. Há uma parte de verdade em cada uma dessas teses, mas, de certo modo, ele permanece um enigma que resiste a toda e qualquer decifração.

O olhar azul – que mente

A rebeldia dos jovens de nossa época foi apresentada como um conflito de gerações e, embora essa seja uma explicação insuficiente, é inegável que os *hippies*, por exemplo, não estavam dispostos a aceitar os valores dos pais. Se essa rejeição foi causa ou efeito do conflito é difícil assegurar. É certo, porém, que os pais, como representantes mais imediatos do *establishment*, foram postos na cadeira dos réus.

É possível que nem todos os pais tenham culpa ou que nem todos sejam igualmente culpados, mas, no caso específico de Arthur Rimbaud, em cujos poemas os problemas da infância e do relacionamento familiar explodem a cada passo, essa questão não pode ser descartada. Tanto mais que a sua não era uma família padrão.

Vitalie Cuiff, mãe de Arthur Rimbaud, filha de pequenos proprietários de terra, casou-se com o capitão de infantaria Frederico Rimbaud, homem de espírito aventureiro, indolente e às vezes violento, que com ela pouco conviveu e que a abandonou quando lhes nasceu o quarto filho. A família ficou morando na casa do avô materno, cuja morte veio agravar o ressentimento de Vitalie contra o mundo: ela teve de se mudar com os filhos para uma casa de cômodos onde moravam famílias de operários. Para manter os filhos distantes daquela gente miserável, Vitalie enrijeceu o domínio disciplinar sobre eles. Na escola, Arthur e seu irmão mais velho, Frederico, calados e tímidos, contrastavam com a alegria dos colegas. Quando a família saía de casa, causava espanto: à frente iam as duas irmãs, Vitalie e Isabel, de mãos dadas; logo atrás, também de mãos dadas, Arthur e Frederico, e, fechando o cortejo, a uma distância regulamentar, vestida de negro, a mãe. Os biógrafos de Rimbaud a descrevem como uma mulher obstinada, orgulhosa e destituída de afetividade. Capaz de expulsar de sua porta, a vassouradas, os netos, filhos de Frederico, que se atrevera a casar-se contra a vontade dela. No fim da vida, aos 75 anos, mandou preparar a sua sepultura, entre as de Vitalie e Arthur, e pediu aos coveiros que a deitassem lá dentro para antegozar a sensação de estar morta. Quanto ao pai, que morreu em 1878 – quando Rimbaud começava a sua segunda vida em Alexandria e Chipre –, nunca voltou a ver os filhos.

Arthur apelidou a mãe de "boca sombria" e, num de seus poemas, referindo-se a ela, fala de "olhar azul – que mente". Numa passagem de *Une saison en enfer*, brada: "Pais, cavastes a minha infelicidade e a vossa!".

Primeiras fugas

Até aí, nada de excepcional: pais neuróticos que não se amam provocam a infelicidade dos filhos. E tudo seria muito simples se um desses filhos não fosse um gênio precoce que, aos quatorze anos, surpreende colegas e professores pelo virtuosismo com que compõe versos em latim. Ele ganha todas as láureas do colégio e, aos dezesseis anos, escreve em francês poemas que se igualam aos dos melhores poetas da França.

Nessa época, Rimbaud se liga a George Izambard, jovem professor de ideias revolucionárias. O entusiasmo do menino pela literatura o domina: envia a Theodore Banville uma série de poemas na esperança de vê-los inseridos em O *parnaso contemporâneo* (2ª série), em vias de publicação. Não o consegue, mas publica poemas em *La charge*, jornal satírico, e em *Première soirée*. Ao longo dos meses, obtém outros tantos êxitos no colégio. Até que, no verão desse ano de 1870, estoura a Guerra Franco-Prussiana.

Segundo Ernest Delahaye, seu amigo, desde os treze, quatorze anos, Rimbaud desejava que a sociedade em que vivia fosse destruída pela violência. Durante 1870, forma-se em seu espírito a ideia de que uma revolução mudaria o horizonte social. "A amarga inveja e a admiração estúpida serão substituídas pela concórdia pacífica, pela igualdade, pelo trabalho de todos para todos." No dia em que ocorre uma entrega de prêmios no colégio, de onde ele sai coberto de louvores, anuncia-se o primeiro desastre do Império frente aos prussianos: a derrota de Wissembourg. No final de agosto, enquanto a mãe sai a passeio com as irmãs, ele vende os livros que ganhara de prêmio e toma o trem para Paris: quer assistir à queda do governo imperial. Na volta, por viajar sem bilhete, é preso. Izambard, que vivia então em Douai, vai soltá-lo e leva-o para lá, onde os dois se engajam na defesa militar da cidade. Atendendo aos apelos da mãe de Rimbaud, Izambard o leva de volta a Charleville, mas ele foge de novo, desta vez a pé, pelas estradas que conduzem à Bélgica. Avisado, Izambard procura-o inutilmente em Fumay, Charleroi e Bruxelas, e, quando retorna a sua casa, encontra-o lá, copiando tranquilamente, num caderno, os poemas que escrevera durante a viagem... Mas chega a ordem materna para que a polícia o recambie a Charleville, onde Rimbaud passará todo o inverno, antes de empreender a terceira fuga: vende seu relógio e toma o trem para Paris, onde, durante quinze dias, vagará pelas ruas, dormirá ao relento, em total desamparo. Enfim, volta a pé para sua cidade, atravessando as linhas inimigas e fazendo-se passar por francoatirador, a fim de obter a ajuda dos camponeses.

Em Charleville, redige um *Projeto de Constituição Comunista*, que se perderia, mas que ele mostrou, então, a Delahaye. Em março de 1871, os operários se insurgem no movimento revolucionário da Comuna, que Rimbaud saúda nos versos de *Paris se repeuple* e *Les mains de Jeanne-Marie*. Escreverá mais tarde: "Tenham sorte, gritava eu, e via no céu um mar de fogo e de fumaça; e à esquerda, e à direita, todas as riquezas ardiam sob um bilhão de trovões". Durante muito tempo se pensou que Rimbaud se deslocara a Paris por ocasião da Comuna, mas hoje se sabe que isso não aconteceu. O esmagamento da sublevação revolucionária parisiense terá tido enorme repercussão sobre ele e há mesmo quem veja nisso a causa de seu repentino encaminhamento para o ocultismo e para uma atitude visionária. É certo, no entanto, que a Comuna só foi esmagada em 27 de maio, e já no dia 13 ele comunicava a Izambard sua nova concepção da poesia. A famosa *Carta do vidente* é datada de 15 de maio, e nela ele afirma: "Digo que é preciso ser *vidente*, fazer-se *vidente*. O Poeta se torna vidente por um longo, imenso e deliberado *desregramento de todos os sentidos*."

Encontro com Verlaine

A ruptura com as concepções literárias coincide em Rimbaud com outra ruptura: torna-se anticlerical e anticristão, interpela padres na rua e escreve com giz nas praças de Charleville – "Morra Deus!". É nessa época que, a conselho de Auguste Bretagne, escreve a Verlaine, que o chama a Paris. Rimbaud vai se hospedar com Verlaine e a mulher deste, Matilde, na casa dos pais dela, porque Verlaine estava desempregado. Os dois passam os dias inteiros e parte das noites nos cafés do Quartier Latin, o que provoca o desentendimento de Verlaine com sua mulher.

Quando nasce o filho de Verlaine, Rimbaud, que já não morava com ele, viaja para sua cidade, a fim de facilitar a reconciliação do casal. No entanto, logo é chamado outra vez pelo amigo e volta a Paris, mas pouco depois decide ir para a Bélgica. Verlaine abandona então a mulher para segui-lo. Deslocam-se para Londres, onde Rimbaud começa a escrever as *Illuminations*. Eles não têm dinheiro, a vida é difícil. Verlaine sente falta da mulher que, por sua vez, inicia um processo judicial contra ele, acusando-o de pederastia. Em meio a essa crise, Rimbaud o deixa subitamente e volta a Charleville. Sozinho, Verlaine adoece e apela para a mãe, que vai encontrá-lo. Chegando a Londres, ela escreve a Rimbaud e lhe manda dinheiro para que venha juntar-se ao filho. Rimbaud atende, mas, logo que Verlaine se cura, viaja para Roche, onde está sua família. Ali, em abril de 1873, trancado no celeiro, escreve *Une saison en enfer*. Um mês depois, está novamente com o amigo em Bouillon, de onde vão juntos para a Antuérpia e em seguida para Londres. Novas brigas e, desta vez, é Verlaine quem o deixa de repente para tentar reconciliar-se com Matilde, que o rechaça. Então, Verlaine, que se negara a atender aos veementes apelos de Rimbaud, chama-o a Bruxelas, onde está agora com sua mãe.

Rimbaud, mal chega, diz que vai para Charleville. O amigo insiste em que não parta e, no dia seguinte, volta para casa bêbado, exibindo um revólver que acabara de comprar. Chama Rimbaud ao quarto, tranca a porta e lhe dispara dois tiros: "Para você aprender a não querer ir embora!". Uma das balas atinge Rimbaud no braço direito, sem gravidade. A mãe de Verlaine faz os primeiros curativos e, junto com o filho, leva-o a um hospital próximo. Medicado, Rimbaud decide partir. Às sete horas da noite, em companhia do amigo e da mãe deste, dirige-se à estação de trem. A certa altura do caminho, Verlaine se adianta uns passos e se volta na direção do amigo, com a mão no bolso onde trazia o revólver. Rimbaud só tem tempo de correr. Ao encontrar um guarda, denuncia Verlaine, que é levado para a delegacia. Inicia-se um processo que é concluído com a condenação dele a dois anos de cadeia.

De braço na tipoia, desesperado, Rimbaud volta a Roche, onde termina de escrever a *Saison*. Manda imprimi-la em Bruxelas e envia alguns exemplares a seus amigos em Paris. Abandona o restante da edição com o impressor, que o guarda na esperança de receber o pagamento de seu trabalho. Esses livros só serão encontrados em 1901, dez anos depois da morte do poeta.

No início de 1874, Rimbaud conhece Germain Nouveau em Paris e segue com ele para Londres, onde ficará um ano vivendo de dar aulas de francês em diversos colégios. Depois de passar os primeiros dias de 1875 em Charleville, parte para Stuttgart. Verlaine, já em liberdade, vai encontrá-lo. Recém-saído da prisão e convertido ao catolicismo, tenta doutriná-lo. Rimbaud o surra e o faz voltar para a França. "Minha vantagem é que eu não tenho coração", afirma então. Nunca mais voltarão a se ver.

Rimbaud realiza então uma série de viagens, quase sempre a pé: sai de Stuttgart, atravessa a Suíça, penetra na Itália. Em Milão adoece e é recolhido e tratado por uma senhora italiana. No início do verão, segue a pé em direção a Brindisi e volta a adoecer, dessa vez por causa de uma insolação. É então repatriado pelo cônsul francês de Livorno. Em Marselha, se engaja no exército carlista, mas logo desiste e volta a Charleville, em outubro. Passa o inverno com a família, estudando espanhol, italiano, grego e holandês. Em conversa com Delahaye, manifesta a intenção de abandonar a Europa. "E a literatura?", pergunta-lhe o amigo. "Não penso mais nisso", foi a sua resposta.

Efetivamente, em julho de 1876, ele embarca para Java, engajado no exército colonial holandês, mas deserta meses depois. Em dezembro, está outra vez em Charleville. Em abril do ano seguinte, consegue dinheiro com a mãe e dirige-se a Viena, mas acaba sendo assaltado na estrada e é expulso do país pelas autoridades austríacas. Volta a pé a Charleville, de onde segue para a Holanda. A pé, atravessa o país e chega a Hamburgo, tentando seguir de lá para o Oriente, mas não consegue e volta para casa. Em outubro, atravessa os Vosges, em parte a pé, na neve; segue para a Suíça, vai até Lugano, onde toma um trem para Gênova. Dali embarca, a 19 de novembro, para Alexandria e de lá para o Chipre, onde se emprega como mestre de obras. Contrai tifo e, em julho de 1879, está de novo em Charleville com a família, mas recupera-se rápido. Passado o inverno, retorna ao Chipre, de onde seguirá para o Egito e em seguida para Áden, na Arábia, à margem do Mar Vermelho. Não voltará mais à Europa, senão onze anos depois, para morrer.

No inferno africano

A impressão que se tem é que, assim que desembarca em Áden, ele se torna outra pessoa. Havia escrito, na famosa *Carta do vidente*, que "eu é um outro". Pode-se então dizer que esse "eu", que não era ele, deu lugar a um outro, que era? Ou seria mais correto afirmar que o adolescente, que se inventou nas noitadas de Paris e nos poemas geniais, tomou de fato horror à poesia e ao desregramento, para na África tórrida e rude reinventar-se como um homem comum, só preocupado com transações comerciais e viagens de negócio?

Tudo o que se sabe desses onze anos da vida de Rimbaud na África é o que está nas cartas que enviou à família. Nunca mais escreveu um poema nem sequer falou com alguém sobre literatura. Quando o indagavam sobre isso, respondia que preferia "não remexer naquele lixo".

O poeta genial de *Illuminations* e *Une saison en enfer*, cuja obra mudaria o curso da poesia contemporânea, vai trabalhar como empregado de uma firma francesa, em Áden, que compra e vende peles e café. Mais tarde, comerciará com armas e com ouro. Guardará cada tostão que ganha, sonhando com o dia em que terá dinheiro suficiente para viver sem trabalhar. Mas esse dia não chegará nunca.

Áden é, conforme descreve numa carta, "um fundo de vulcão, sem uma erva", onde não chove nunca. A temperatura no inverno chega a trinta graus à sombra e, no verão, atinge níveis insuportáveis. Ele dorme o ano todo ao ar livre. Mais tarde, se fixará em Harar, no Sudão, aonde chega após vinte dias de viagem a cavalo através de um dos mais áridos desertos do mundo. Ali não há nenhuma diversão nem livros nem jornais. Ele trabalha sem parar, organiza caravanas, vai às aldeias comprar produtos indígenas, caminha a pé de quinze a quarenta quilômetros por dia. O clima e a fadiga o consomem. "Embranquece-me um fio de cabelo por minuto", diz em uma carta.

Cansado de trabalhar como empregado, faz sociedade com Labatut, um comerciante de armas, para vender fuzis ao rei Menelik, de Choa. "Não vá pensar que me tornei traficante de escravos", escreve ele. "As mercadorias que levamos são fuzis (velhos fuzis de pistão reformados há quarenta anos) que se compram aos comerciantes de armas usadas, na França, a sete ou oito francos cada um. Ao rei de Choa, Menelik, vedemos a quarenta francos." Mas esse empreendimento foi um desastre. Labatut morre, e Rimbaud, após meses de viagem e de espera para entregar as armas a Menelik, não recebe em pagamento nem o correspondente ao que gastou. Além disso, teve de pagar todas as dívidas deixadas pelo sócio. Volta a trabalhar para o antigo patrão, Bardey, a fim de juntar mais dinheiro e fazer seus próprios negócios. "Minha existência é penosa, consumida por um tédio fatal e por fadigas de todo tipo", escreve, acrescentando: "O mais triste ainda não é isso. É o temor de se embrutecer pouco a pouco, isolado e longe de toda sociedade inteligente".

Diante dessa situação, a mãe lhe pede que volte. "Estou demasiado habituado à vida errante e gratuita", responde ele, "a cada dia perco o gosto pelo clima e a maneira de viver e mesmo a língua da Europa." Um dia vai até o Cairo e logo se entedia com a vida urbana. "Imagine que carrego na cintura dezesseis mil e tantos francos-ouro; isso pesa uns oito quilos e me provoca disenteria." Retorna então a Harar para continuar sua vida infernal, como personagem vivo de um inferno talvez pior do que aquele que imaginara em seu livro célebre.

Entre um e outro negócio, compra uma escrava e vive com ela em concubinato; mais tarde, junta-se a outra mulher também negra. Não se sabe de nenhum escândalo, de nenhum relacionamento homossexual durante seu longo exílio africano. Todos os que o conheceram ali falam dele como um homem reservado e triste, que às vezes fazia rir com suas tiradas sarcásticas. Negociante ativo e responsável, só não perdeu o hábito de andar quilômetros a pé, então à frente das caravanas de camelos. Talvez esteja aí a causa das varizes que lhe surgiram na perna. Um tumor no joelho acaba por obrigá-lo a ir tratar-se na França. Inicia então a viagem de volta, numa padiola carregada em rodízio por dezesseis negros, através de trezentos quilômetros de deserto, até chegar ao porto, onde embarca para Marselha.

Agonia em Marselha

Em maio de 1891, Rimbaud está internado no Hospital da Concepção, em Marselha, de onde telegrafa para a mãe, chamando-a com urgência: "Segunda-feira amputam-me a perna. Perigo de morte. Questões importantes a resolver." Ele transferira 36.800 francos para um banco em Paris e tem consigo dinheiro "de que nem posso tomar conta". A mãe vem, ele é operado, mas logo em seguida ela o deixa, alegando que Isabel, a filha com quem vive, está doente. Rimbaud se desespera. Algum tempo depois, a irmã vem lhe fazer companhia, e é por seu testemunho que se conhece detalhadamente a agonia de Rimbaud.

Depois da amputação da perna, ele melhora, começa a se exercitar com as muletas que comprara, mas não para de se lamentar por não mais poder levar a vida ativa de antes. Ao receber alta, vai para Roche, onde está a família. No entanto, a infecção reaparece na perna amputada e, em fins de agosto, ele volta para o mesmo hospital em Marselha. Constata-se então que ele é vítima de um câncer que se propaga pela medula do fêmur e agora se manifesta na virilha. Ele só consegue dormir com a ajuda de morfina. Lamenta-se sem cessar, grita que quer morrer e ameaça suicidar-se, se a irmã o deixar sozinho ali. Entra frequentemente em delírio e, nesses momentos, sua voz se torna mansa: o que ele diz é bizarro e fascinante; fala de colunas de ametista, de anjos, de vegetação e paisagens de uma beleza desconhecida. Isabel, meses depois de sua morte, ao ler pela primeira vez *Illuminations*, se surpreenderá com a semelhança que encontra entre os textos desse livro e as frases delirantes do irmão moribundo.

Esquálido, temendo morrer, chora abraçado à irmã, que tenta confortá-lo. "Eu vou para o fundo da terra e tu continuarás andando ao sol", responde ele. Afinal, em 10 de novembro de 1891, ele morre.

Em carta à mãe, pouco antes de ele morrer, Isabel escreve: "Não conte absolutamente com o dinheiro dele." Segundo a vontade de Rimbaud, que a irmã está disposta a cumprir, três mil francos deveriam ser enviados a seu criado em Harar, que o servira durante oito anos. Trata-se de Djami, um nativo de uns vinte e um anos, que mal sabia algumas palavras de francês e a respeito do qual não há nenhuma menção em sua correspondência. Estranhamente, quando o dinheiro chegou a Harar, Djami já havia morrido.

Os paraísos selvagens

Rimbaud viveu numa época em que a civilização europeia era contestada e se sonhava com paraísos selvagens situados na Ásia e na África. Gauguin trocou Paris por Tai, mas manteve a Europa como mercado de seus quadros. Rimbaud, mais radical, talvez imaginasse viver num barco igual ao que inventa em seu poema *Le bateau ivre*.

No curso daqueles onze anos de vida quase selvagem, sua transformação se aprofunda. No começo, ainda tenta conseguir subvenção da Société de Géographie, da França, para realizar explorações nas regiões desconhecidas da África. Não o consegue. Manda então buscar na Europa manual de engenharia, mecânica, carpintaria, marcenaria, navegação, etc. Solicita licença do governo francês para montar em Harar uma fábrica de fuzis e desse modo burlar a proibição imposta ao comércio de armas pelo governo inglês. Esse pedido lhe é denegado. Entrega-se finalmente ao comércio ordinário da região, chegando mesmo, ao que tudo indica, a traficar escravos.

Não apenas a aventura de Rimbaud parece antecipar os *hippies* de hoje, suas desventuras também: a fuga do mundo burguês leva-o a regiões onde o capitalismo mal penetrara e onde também, por isso mesmo, a exploração do trabalho assume formas mais cruéis. Ele não tem escolha: de explorado passa a explorador. E assim a história desse poeta genial, que desprezou a glória literária e a sociedade capitalista, nos ensina que, se a poesia não nos salva, tampouco nos salva a fuga para supostos paraísos primitivos, situados "antes" do capitalismo. A solução, ao que parece, deve estar no futuro.

Rimbaud reuniu todos os ingredientes capazes de despertar a admiração e a perplexidade de seus contemporâneos, particularmente daqueles que com ele conviveram nos primeiros três anos de sua intermitente estada em Paris. Um garoto de dezesseis anos, chegado da provinciana Charleville, trazendo nos bolsos alguns poemas de surpreendente beleza e originalidade, que violavam os conceitos estéticos, religiosos e morais da época, só podia ser visto como um gênio. Acrescentemos a isso dois olhos azuis de inquietante transparência, que pareciam arrastar, quem os fitasse, ao paraíso ou ao inferno. É que aquele menino, cujos poemas revelavam um lado deslumbrante e perturbador da realidade, comportava-se como um pequeno demônio: exibia-se nu à janela da casa de um amigo que o hospedara, levando os vizinhos a chamarem a polícia; deitava-se, vestido de roupa amarfanhada e chapéu, no jardim de outro amigo, a fumar haxixe num enorme cachimbo, para chocar os transeuntes; insultava e agredia os companheiros de mesa nos bares do Quartier Latin. Foi o que fez, por exemplo, com Étienne Carjat, a quem feriu com a ponta metálica de uma bengala. Carjat, fotógrafo respeitado, autor da célebre foto de Rimbaud menino, que todos conhecem, tomado de fúria, destruiu todas as fotos que fizera dele, exceto três que não tinha consigo.

Genial e polêmico, andarilho aventureiro e poeta inovador, Rimbaud até hoje provoca reflexões apaixonadas por sua personalidade fascinante e enigmática.

Poemas de Rimbaud

Adormecido no vale

É um vão de verdura onde um riacho canta
A espalhar pelas ervas farrapos de prata
Como se delirasse, e o sol da montanha
Num espumar de raios seu clarão desata.

Jovem soldado, a boca aberta, a testa nua,
Banhando a nuca em frescas águas azuis,
Dorme estendido e ali sobre a relva flutua,
Frágil, no leito verde onde chove luz.

Com os pés entre os lírios, sorri mansamente,
Como sorri no sono um menino doente.
Embala-o, natureza, aquece-o, ele tem frio.

E já não sente o odor das flores, o macio
Da relva. Adormecido, a mão sobre o peito,
Tem dois furos vermelhos do lado direito.

Infância

III

No bosque há um pássaro, cujo canto te detém e te faz corar.
Há um relógio que não soa.
Há numa fronde um ninho de bichos brancos.
Há uma catedral que desce e um lago que sobe.
Há uma pequena viatura largada no mato ou que dispara
    [caminho abaixo enfeitada de fitas.
Há uma trupe de pequenos comediantes vestidos a caráter
    [que se percebe na estrada através da orla do bosque.
Há enfim, quando dá fome e sede, alguém que te expulsa.

O enigma Fernando Pessoa

Há oitenta anos, em novembro de 1935, morria em Lisboa Fernando Pessoa, cuja obra, por sua complexidade e beleza, deu novo sentido e peso à literatura em língua portuguesa. Falar desse poeta e dessa obra equivale a mergulhar num atordoante labirinto de espelhos. O que é previsível quando se lê o que ele mesmo disse em carta a João Gaspar Simões: "O estudo a meu respeito, que só peca por se basear, como verdadeiros, em dados que são falsos por eu, artisticamente, não saber senão mentir". Pode-se entender esse reparo como uma advertência, pertinente, aos críticos que costumam explicar a obra dos escritores por sua biografia. De fato, se em todo autor obra e vida de algum modo se entrelaçam ou se ligam, deve a crítica ter em conta que se trata de realidades diferentes, de linguagens diversas, que não se traduzem uma na outra. Sendo assim, o mesmo fato não terá igual significação na vida como na obra, ou seja, devemos ter a obra como obra e a vida como vida, sem confundi-las.

No caso de Fernando Pessoa, porém, a dificuldade está na leitura da obra de um autor cuja vida parece se resumir à própria obra e que, ao mesmo tempo, põe em dúvida a cada momento a sua existência como gente e como autor da obra. Mas tampouco o faz de modo definido ou definitivo.

Assim, abre diante de nós um labirinto de dúvidas e simulações: "Se alguma vez sou coerente", diz ele, "é apenas como incoerência saída da incoerência". Ou então: "A origem de meus heterônimos está na minha tendência orgânica para a *despersonificação* e para a *simulação*". Noutra ocasião, afirma: "Eu sou a sensação minha. Portanto, nem da minha própria existência estou certo".

Se nos detemos a analisar essa última frase, verificamos que ela é carente de lógica: se eu sou uma sensação minha, não posso ter dúvida quanto a minha existência, já que, para haver sensações, é necessário haver alguém que as tenha. Trata-se, portanto, de um paradoxo. Mas a nossa lógica de pouco ou nada vale para contestar ou definir alguém que nos responde: "O paradoxo não é meu. Sou eu".

E é verdade. Ou deve ser... talvez. Fernando Pessoa parece ter tido, desde sempre, enorme dificuldade em manter-se coerente. Ele confessa: "Todos os meus escritos ficaram inacabados: sempre novos pensamentos se interpunham, associações de ideias extraordinárias e inexcludíveis, de término infinito". Há nele uma espécie de horror ao definido e ao definitivo: "Não posso evitar o ódio que têm meus pensamentos de ir ao fim: a respeito de uma simples coisa, surgem dez mil pensamentos e milhares de interassociações com esses dez mil pensamentos, e careço de vontade de eliminá-los ou detê-los, nem tampouco de reuni-los num pensamento central, onde seus pormenores, sem importância, mas associados, podem se perder. Introduzem-se em mim: não são pensamentos meus, mas pensamentos que passam através de mim. Não pondero, sonho; não me sinto inspirado, deliro".

Pode-se deduzir dessa confissão que a impossibilidade de se manter coerente decorre, em Fernando Pessoa, de um lado, de sua inteligência extraordinariamente rica e sensível e, de outro, de uma fraqueza ou indecisão fundamental que o impede de eleger a linha-mestra do raciocínio e expurgar tudo o que, por mais interessante e brilhante que seja, não pertença a ela.

Outra hipótese seria a de que ele subestima a coerência lógica em favor do efeito emocional das ideias e porque encontra na própria incoerência uma expressão emocional ou um perverso prazer intelectual. Não se pode esquecer que, entre as múltiplas faces da personalidade de Pessoa, há, sem dúvida, a de um certo esnobismo intelectual, o esforço para fugir do comum. Ele o diz pela boca de Bernardo Soares, o "autor" do *Livro do desassossego*: "Repudiei sempre que me compreendessem. Ser compreendido é prostituir-se. Prefiro ser tomado a sério como o que não sou". Se se alega – como poderia fazer o próprio Pessoa – que o que diz o Soares diz o Soares, e não ele, Pessoa, podemos também lembrar outra de suas afirmações: "Só disfarçado é que sou eu". Definir Pessoa é como tentar fixar as imagens de um caleidoscópio em movimento.

Não obstante, nunca se pode descartar, no entendimento desse fenômeno – que se confunde com uma espécie de dispersão da personalidade –, causas verdadeiras, existenciais e até psíquicas, especialmente quando atentamos para afirmações como esta: "O caráter de minha mente é tal que odeio os começos e os fins das coisas, porque são pontos definidos. Aflige-me a ideia de que se descubra uma solução para os mais altos e mais nobres problemas de ciência e filosofia; horroriza-me a ideia de que uma coisa qualquer possa ser determinada por Deus ou pelo mundo. Enlouquece-me a ideia de que as coisas monstruosas possam realizar-se, de que os homens pudessem todos ser felizes um dia, de que se encontrasse uma solução para os males da sociedade". E, após dizê-lo, adverte: "Contudo, não sou mau nem cruel; sou louco e isso dum modo difícil de conceber".

Não nos cabe aqui fazer o diagnóstico médico de Fernando Pessoa. Ele, sim, tentou fazê-lo numa carta a dois psiquiatras, datada de 10 de junho de 1917, em que afirma: "Do ponto de vista psiquiátrico, sou um hístero-neurastênico, mas felizmente minha neuropsicose é bastante fraca". E aduz adiante: "Exceto nas coisas intelectuais, onde cheguei a conclusões que tenho como firmes, mudo de opinião dez vezes por dia, só tenho juízo assentado a respeito de coisas em que não haja possibilidade de emoção". E isso porque, segundo ele mesmo admite, "A emotividade excessiva perturba a vontade; a cerebralidade excessiva – a inteligência por demais apaixonada pela análise e pelo raciocínio – esmaga e amesquinha essa vontade que a emoção acaba de perturbar", e acrescenta: "Quero sempre fazer, ao mesmo tempo, três ou quatro coisas diferentes, mas no fundo não só não faço, mas não quero mesmo fazer nenhuma delas. A ação pesa sobre mim como uma danação: agir, para mim, é violentar-me".

Se Pessoa era ou não era um hístero-neurastênico, não importa aqui. No trecho citado, interessam-nos as referências à "cerebralidade excessiva – a inteligência por demais apaixonada pela análise e pelo raciocínio" e a impossibilidade de agir. Esses dados podem explicar sua tendência a negar a realidade concreta do mundo objetivo, o estado de permanente desencanto diante da vida e a criação de personalidades fictícias nas quais projeta a vida que ele próprio não conseguia viver.

Mas há um outro dado a acrescentar a esse quebra-cabeça: a homossexualidade irrealizada de Fernando Pessoa. Mais uma vez recorremos a suas próprias palavras: "Não encontro dificuldade em definir-me: sou um temperamento feminino com uma inteligência masculina. A minha sensibilidade e os movimentos que dela procedem, e é nisso que consistem temperamento e sua expressão, são de mulher. As minhas faculdades de relação – a inteligência, e a vontade que é a inteligência do impulso – são de homem." Adiante ele diz: "Reconheço sem ilusão a natureza do fenômeno. É uma inversão sexual fruste. Para no espírito". Mas vejamos o que se segue: "Sempre, porém, nos momentos de meditação sobre mim, me inquietou, não tive nunca a certeza nem a tenho ainda, de que essa disposição do temperamento não pudesse um dia descer-me ao corpo. Não digo que praticasse então a sexualidade correspondente a esse impulso, mas bastava o desejo para me humilhar".

Esse trecho deixa claro a drástica reprovação de Pessoa da homossexualidade (que ele considera humilhante), assim como o temor de que, contra sua vontade, esse impulso lhe descesse ao corpo e o submetesse. "Somos vários desta espécie pela história abaixo", afirma, referindo-se em seguida a Shakespeare e Rousseau, para sublinhar: "meu receio da descida ao corpo dessa inversão do espírito – radica-mo a contemplação de como nesses dois desceu". Seria descabido imaginar que, diante dessa ameaça, desse corpo que poderia a qualquer momento traí-lo, Pessoa decidiu não viver, reduzir sua vida à vida da inteligência (sua parte masculina) e assim escapar à desgraçada probabilidade de tornar-se homossexual? Não seria essa divisão interior – um homem e uma mulher numa mesma pessoa – o início de sua despersonalização, da divisão do eu e, ao mesmo tempo, da invenção de outras personalidades, em lugar da sua própria, que lhe era, por pervertida, inaceitável? Por outro lado, a necessidade de ocultar esse impulso perverso seria a primeira simulação que o levaria a tantas outras simulações?

Podemos responder que sim ou não a essas hipóteses. Mas, mesmo que respondêssemos sim, não esgotaríamos com isso o mistério da obra poética de Fernando Pessoa nem o enigma de sua personalidade, que dessa obra não se separa, porque, qualquer que seja a causa que determinara o nascimento de seus poemas e a criação de seus heterônimos, a significação poética e o valor literário de sua obra pairam acima das explicações.

Não vamos, portanto, indagar da origem de seus heterônimos, mas tentar compreender o que são eles. Num texto conhecido como "Apresentação dos heterônimos" e que foi escrito como prefácio a uma projetada edição de suas obras, em 1930, Pessoa afirma: "O autor humano destes livros não conhece em si próprio personalidade nenhuma. Quando acaso sente uma personalidade emergir dentro de si, cedo vê que é um ente diferente do que ele é, embora parecido. [...] Afirmar que esses homens todos diferentes, todos bem definidos, que lhe passaram pela alma incorporadamente, não existem – não pode fazê-lo o autor destes livros; porque não sabe o que é existir, nem qual, Hamlet ou Shakespeare, é que é mais real, ou real na verdade".

Essa alusão a Shakespeare não é fortuita por várias razões, mas especialmente porque Pessoa se entende como um "poeta dramático" e seus heterônimos como equivalentes a personagens teatrais. É bastante conhecido o trecho de sua carta a João Gaspar Simões em que ele se define como tal: "O ponto central da minha personalidade como artista é que sou um poeta dramático; tenho, continuamente, em tudo quanto escrevo, a exaltação íntima do poeta e a despersonalização do dramaturgo. Voo outro — eis tudo".

Em consequência disso, diz ele, "não há que buscar em quaisquer deles [dos heterônimos] ideias ou sentimentos meus, pois muitos deles exprimem ideias que não aceito, sentimentos que nunca tive. Há simplesmente que os ler como estão, o que é aliás como se deve ler". Argumenta com o exemplo do poema oitavo de *O guardador de rebanhos*, que "escrevi com sobressalto e repugnância", afirma, pois que ali, Caeiro usa de "blasfêmia infantil" e "antiespiritualismo", quando "nem uso da blasfêmia nem sou antiespiritualista". E acrescenta: "Alberto Caeiro, porém, como eu o concebi, é assim: assim tem pois ele de escrever, quer eu queira quer não, quer eu pense como ele ou não. Negar-me o direito de fazer isto seria o mesmo que negar a Shakespeare o direito de dar expressão à alma de Lady Macbeth, com o fundamento de que ele, poeta, nem era mulher, nem, que eu saiba, hístero-epilético, ou de lhe atribuir uma tendência alucinatória e uma ambição que não recua perante o crime. Se assim é das personagens fictícias de um drama, é igualmente lícito das personagens fictícias sem drama, pois que é lícito porque elas são fictícias e não porque estão num drama".

Acredito que, para melhor entendermos os heterônimos, devemos examinar essa tese de Fernando Pessoa, na qual ele insiste repetidas vezes e a que confere indiscutível importância, a ponto de considerá-la a chave para o entendimento de toda a sua obra.

Do meu ponto de vista, a explicação dos heterônimos – se eles são apenas pseudônimos de um único poeta que é Fernando Pessoa ou se são de fato poetas autônomos que ele criou do mesmo modo que um dramaturgo cria seus personagens – não alterará a avaliação qualitativa dos poemas a eles atribuídos, mas é impossível falar da obra de Pessoa, como um todo, ignorando a existência desses personagens-poetas.

A leitura não apenas dos textos explicativos produzidos por ele, como também dos poemas de Alberto Caeiro, Ricardo Reis e Álvaro de Campos, deixa evidente a complexidade desse fenômeno e seu alcance profundo na personalidade literária e humana de Pessoa. Pode-se dizer mesmo que sua obra poética tanto se constitui dos poemas todos que escreveu como igualmente desses personagens, que ele usa para ser *outros* ou que o usam para serem eles mesmos. Por isso, tentar entender que relação efetivamente existe entre Pessoa e seus heterônimos é tentar entendê-lo como criador literário.

Apesar da insistência de Pessoa em se definir como "poeta dramático" e afirmar que seus heterônimos equivalem a personagens teatrais, ponho em dúvida essa sua tese. Para justificar minha discordância, volto à célebre carta a João Gaspar Simões, já citada aqui: "Desde que o crítico fixe, porém, que sou essencialmente um poeta dramático, tem a chave da minha personalidade, no que pode interessá-lo a ele, ou a qualquer pessoa que não seja um psiquiatra, que, por hipótese, o crítico não tem que ser. Munido desta chave, ele pode abrir lentamente todas as fechaduras da minha expressão. Sabe que, como poeta, sinto; que, como poeta dramático, sinto despegando-me de mim; que, como dramático (sem poeta), transmudo automaticamente o que sinto para uma expressão alheia ao que senti, construindo na emoção uma pessoa inexistente que a sentisse verdadeiramente, e por isso sentisse, em derivação, outras emoções que eu, puramente eu, me esqueci de sentir", escreve Pessoa, tentando com isso mostrar o mecanismo de sua criação como poeta dramático. Sucede que, a meu juízo, esse não é o mecanismo da criação dramatúrgica.

O dramaturgo parte de personagem já existente (na vida real ou na sua imaginação) ou parte de uma situação dramática. Seu objetivo não é transferir sentimentos para expressões alheias ao que sentiu, mas expressar as emoções implicadas nas mais distintas situações da vida e dar existência aos protagonistas desses dramas. Macbeth é resultado não de um momento de despersonalização de Shakespeare, e sim da capacidade do dramaturgo de viver integralmente o personagem, tanto em seu caráter quanto na situação dramática em que ele se encontra. A criação dramatúrgica não implica a substituição do autor pelo personagem, já que este é, de certa forma, uma expressão da personalidade do autor, afirmação dele como dramaturgo. Isso não significa, porém, que não possua traços próprios e não goze de uma autonomia relativa. Macbeth é, antes de mais nada, um homem numa situação dramática. Por isso, o que ele diz é o que só ele pode dizer e naquele momento; ele ou alguém que tivesse o mesmo caráter e se encontrasse na mesma situação. Sublinho este ponto porque reside aí a diferença fundamental entre um personagem dramático e os heterônimos de Pessoa. Os heterônimos têm uma vaga biografia e quando "falam" (escrevem), não o fazem como produto de uma situação determinada, como ocorre com Hamlet ou Júlio César. Expressam uma específica visão de mundo: os heterônimos são pontos de vista, opções filosóficas ou existenciais; não são personagens.

Tomemos o exemplo de Macbeth, que, acreditando numa falsa profecia, dera vazão a sua sede de poder e a seus instintos sanguinários, traindo, assassinando, oprimindo. Quando ao final, odiado por todos, cercado pelos inimigos, percebe que a profecia falhara e sente que o mundo desmorona sobre sua cabeça, tem uma explosão de revolta: "a vida é uma história contada, com fúria e entre gaguejos, por um idiota". Essa frase terrivelmente negativa só poderia brotar na mente de um personagem furioso como Macbeth e posto na situação desesperadora em que se encontra no final da história. Não se trata de uma reflexão teórica e genérica, mas de uma manifestação contingente e por isso mesmo dramática.

Certamente que, para que Macbeth seja assim e diga o que diz, é também necessário que o dramaturgo seja Shakespeare, e não Molière ou Racine. Mas quem fala ali é Macbeth, não é Shakespeare (embora seja o Macbeth de Shakespeare). Porque Macbeth existe como personagem de uma história, existe numa história e age e pensa em função das situações com que se defronta, sua experiência é muito palpável, mais consistente do que a dos heterônimos, e sua independência com respeito a seu autor, também muito maior. De fato, como o que se conhece da vida de Macbeth ou de Hamlet são situações-limite, cuja alta intensidade dramática as imprime a fogo em nossa memória, nós os conhecemos melhor do que a Shakespeare, de quem temos vagas referências biográficas.

Noutras palavras, o conhecimento que temos de Shakespeare não é dramático, é prosaico, como o conhecimento que temos de Alberto Caeiro, Ricardo Reis e Álvaro de Campos. E, desse modo, os papéis se invertem: Fernando Pessoa está mais vivo em nossa mente que seus heterônimos, porque dele, sim, temos conhecimento dramático. Ele – e não Caeiro, Reis e Campos – é que é o personagem com história e drama. Ele é que, aos cinco anos, perdeu o pai, seis meses depois perdeu o irmão e, em menos de dois anos, ganhou um padrasto; ele é que vê morrer a avó, louca, e teme ele próprio enlouquecer; ele é que, desde cedo, percebe que não consegue viver; ele é que se sente inexistente, com uma passividade que quase nada pode, a não ser se multiplicar em personagens fictícios; ele é que, homossexual que não se aceita, desiste de qualquer vida sexual; ele é que conhece a solidão e o vazio; ele é que conhece "a amargura essencial desta vida estranha à vida humana – vida em que nada se passa, salvo na consciência dela!" e que, por isso, inveje o homem comum, normal, "que sente cansaço em vez de tédio, que sofre em vez de supor que sofre". Pode-se questionar se Fernando Pessoa era um poeta dramático, como ele se define; mas um personagem dramático, isso ele o foi seguramente.

Por aí se vê que um personagem não precisa ser fictício para ser dramático, nem é essa a condição que lhe empresta dramaticidade. Tampouco necessita, o personagem fictício, fazer parte de uma peça teatral. Alfred Prufrock, do célebre poema de T.S. Eliot, é um personagem dramático, como observa Edmund Wilson, porque nos é apresentado em situação dramática. Não é um heterônimo, nada se sabe dele além do que se deduz da própria leitura do poema, que é a expressão mesma de sua dramaticidade: um homem que envelheceu solitário e que nunca ousou nada na vida além de suas tímidas e frustradas fantasias.

Vê-se, portanto, que a relação de um dramaturgo com seus personagens não é igual à de Fernando Pessoa com seus heterônimos, mesmo porque estes não são personagens dramáticos. Isso não significa, porém, que não haja diferença entre Pessoa e os heterônimos, que eles não existam enquanto personalidades fictícias por ele criadas ou sejam fruto de mero capricho do poeta.

Não, os heterônimos são expressão necessária da personalidade Fernando Pessoa, talvez inicialmente como consequência de uma tendência à mistificação ou à simulação, conforme ele mesmo admite, mas que mais tarde tornaram-se parte essencial de seu universo intelectual, de sua elaboração da matéria poética. A novidade que é a criação dos heterônimos – fenômeno único na história da literatura –, longe de resultar de uma originalidade buscada, nasce das características especiais da personalidade do poeta e mesmo do que se poderia designar como suas deficiências.

É por não ter nunca certeza de nada, é por desconfiar da existência do mundo material à sua volta, por não definir firmemente as fronteiras entre o percebido e o pensado, por lhe parecer tão real – ou irreal – o que pensa quanto o que percebe sensorialmente, enfim, por não se saber quem é nem quantos é nem mesmo se é, por tudo isso ele se projetou nesses personagens para pensar e escrever. Mas se pode dizer também que ele os usa para assim assumir de modo efetivo as diferentes possibilidades de entendimento e indagação da existência que se oferecem à sua vertiginosa e comovida lucidez. Pode-se ainda encarar esses heterônimos como uma busca de alternativa para a visão desencantada que se apreende nos versos de Fernando Pessoa ele-mesmo:

> Com que ânsia tão raiva
> Quero aquele outrora!
> E eu era feliz? Não sei:
> Fui-o outrora agora.

Ou:

> Sol nulo dos dias vãos,
> Cheios de lida e de calma,
> Aquece ao menos as mãos
> A! quem não entras na alma.

Ou:

> Ditosos a quem acena
> Um lenço de despedida!
> São felizes: têm pena...
> Eu sofro sem pena a vida.

Esse sofrimento vazio, que não decorre das relações afetivas, das paixões e das perdas reais, esse sofrimento que dói mais por parecer fingimento que por parecer real, talvez encontre um consolo quando Pessoa se torna Alberto Caeiro e, na pele dele, vive outra vida menos doída. Como Caeiro, Pessoa aceita a realidade do mundo e se conforma com vê-la, sem se atormentar de indagações:

> Creio no mundo como num malmequer,
> Porque o vejo. Mas não penso nele
> Porque pensar é não compreender...
>
> O Mundo não se fez para pensarmos nele
> (Pensar é estar doente dos olhos)
> ...Mas para olharmos para ele e estarmos de acordo...
>
> Eu não tenho filosofia; tenho sentidos...
> Se falo na Natureza não é porque saiba o que ela é,
> Mas porque a amo, e amo-a por isso
> Porque quem ama nunca sabe o que ama
> Nem sabe por que ama, nem o que é amar...

Alberto Caeiro é, assim, a manifestação de uma opção filosófica implícita na negatividade da visão de Fernando Pessoa: a descrença na possibilidade de, pela razão, compreender-se o mundo. Mas, em lugar de tal verificação conduzir ao desencanto ou ao desespero, conduz, em Caeiro, à aceitação tácita da realidade. O mundo existe, está aí, basta senti-lo, uma vez que "Há metafísica bastante em não pensar em nada", e mesmo porque não há o que indagar, já que

> O único sentido íntimo das coisas
> É elas não terem sentido íntimo nenhum

Alberto Caeiro é a aceitação da vida sem pensar, Ricardo Reis é a aceitação apesar de pensar. Para Caeiro, existir é um fato maravilhoso por si mesmo, e o mundo, que dispensa explicações, não terá tido nem começo nem terá fim, ou pelo menos não importa sabê-lo. Já Ricardo Reis sabe: sabe que o tempo passa e a vida é breve. Mas isso não o perturba:

> Mestre, são plácidas
> Todas as horas
> Que nós perdemos
> Se no perdê-las,
> Qual numa jarra,
> Nós pomos flores.

Mas os heterônimos, se são alternativas filosóficas, são também alternativas estilísticas, aliás, como decorrência da

visão de mundo que cada um deles esposa. Ricardo Reis
– que intensificou e tornou "artisticamente ortodoxo" o
paganismo descoberto por Caeiro (seu mestre) – escreve
com o distanciamento e a objetividade de um clássico,
sendo ao mesmo tempo moderno na exploração consciente da linguagem como matéria semântica e sensorial:

> O rastro breve que das ervas moles
> Ergue o pé findo, o eco que oco coa,
>   sombra que se adumbra,
>   O branco que a nau larga –
>
> Nem maior nem melhor deixa a alma às almas,
> O ido aos indos. A lembrança esquece,
>   Mortos, inda morremos.
>   Lídia, somos só nossos.

Já Álvaro de Campos não tem nem a tranquilidade saudável de Caeiro nem a indiferença olímpica de Reis; ele é sôfrego, ávido e passional. O que mais pesa nele é a sensualidade, o corpo. Se não se ilude quanto à inutilidade de tudo, tampouco se nega à força da realidade que lhe faz vibrar os nervos:

> E há uma sinfonia de sensações incompatíveis e análogas,
> Há uma orquestração no meu sangue de balbúrdias de crimes,
> De estrépitos espasmados de orgias de sangue nos mares,
> Furibundamente, como um vendaval de calor pelo espírito,
> Nuvem de poeira quente anuviando a minha lucidez
> E fazendo-me ver e sonhar isto tudo só com a pele e as veias!

E por ser tão preso aos sentidos, ao corpo, é natural que nele se manifeste o lado feminino de Pessoa que Pessoa, por temor, reprime:

Os braços de todos os atletas apertaram-me subitamente feminino,
E eu só de pensar nisto desmaiei entre músculos supostos.

Foram dados na minha boca os beijos de todos os encontros,
Acenaram no meu coração os lenços de todas as despedidas,
Todos os chamamentos obscenos de gestos e olhares
Batem-me em cheio em todo o corpo com sede nos centros sexuais.
Fui todos os ascetas, todos os postos-de-parte, todos os como que esquecidos,
E todos os pederastas – absolutamente todos (não faltou nenhum)
Rendez-vous a vermelho e negro no fundo-inferno da minha alma!

(Freddie, eu chamava-te Baby, porque tu eras louro, branco e eu amava-te,
Quantas imperatrizes por reinar e princesas destronadas tu foste para mim!)

Esse dado talvez faça de Álvaro de Campos um heterônimo mais próximo de Fernando Pessoa que os outros, mais perto da pessoa de Fernando Pessoa. Mesmo porque, como o cidadão Fernando Pessoa – ao contrário de Caeiro e Reis –, Álvaro de Campos é citadino, metropolitano, contemporâneo das usinas e da luz elétrica:

À dolorosa luz das grandes lâmpadas elétricas da fábrica
Tenho febre e escrevo.
Escrevo rangendo os dentes, fera para a beleza disto,
Para a beleza disto totalmente desconhecida dos antigos.

Por isso, estilisticamente ele é "moderno", "futurista", entusiasmado com as novidades da civilização industrial, como um discípulo de Marinetti, que introduz na linguagem poética as palavras desse admirável mundo novo. Louva o cheiro fresco da tinta de tipografia, os cartazes colados há pouco, ainda molhados, os *vient-de-paraître* amarelos com uma cinta branca, a telegrafia sem fio, os túneis, o canal do Panamá, o canal de Suez. Álvaro de Campos guia automóvel e faz disso matéria de poema. Nem Caeiro nem Reis seriam capazes de semelhante proeza.

Voltemos à questão do relacionamento de Fernando Pessoa com seus heterônimos. Se esse relacionamento não é o mesmo que o dramaturgo mantém com seus personagens – e estou convencido de que não é –, o surgimento dos heterônimos não foi motivado pela necessidade (própria dos dramaturgos) de dar carne e realidade a personagens e situações. De fato, eles aparecem numa espécie de manifestação mediúnica, conforme conta o próprio poeta.

"Médium, assim, de mim mesmo todavia subsisto. Sou, porém, menos real que os outros, menos coeso [?], menos pessoal, eminentemente influenciável por eles todos. Sou também discípulo de Caeiro, e ainda me lembro do dia – 13 de março de 1914 – quando, tendo "ouvido pela primeira vez" (isto é, tendo acabado de escrever, de um só hausto do espírito) grande número dos primeiros poemas de *O guardador de rebanhos*, imediatamente escrevi, a fio, seis poemas-intersecções que compõem a *Chuva oblíqua (Orfeu 2)*, manifesto e lógico resultado da influência de Caeiro sobre o temperamento de Fernando Pessoa".

Por não terem nascido de situações dramáticas, alheias à vida do autor ou tomadas objetivamente como tais, como a maioria das criações dramatúrgicas, os heterônimos não se desligam de Fernando Pessoa, já que é nele, e não em alguma peça teatral, que eles "existem". Não é próprio da criação teatral esse coabitar dos personagens com o autor na mesma alma e no mesmo corpo, senão durante a concepção da peça. Escrita a peça, os personagens – esses fantasmas – abandonam o autor e se transferem para o texto escrito. O autor, por assim dizer, realiza desse modo um exorcismo, livra-se deles.

Os heterônimos, no entanto, jamais abandonam Fernando Pessoa, jamais se transferem para os poemas, que, por não serem peças teatrais, não os cabem, não têm neles suas situações de vida. Noutras palavras, os poemas são obras escritas pelos heterônimos, não o lugar onde transcorre sua vida. Eles não habitam seus poemas, mesmo porque ninguém habita poemas. Eles habitam Fernando Pessoa, convivem com ele, discutem com ele, misturam sua voz à dele, o influenciam. São, portanto, parte de Fernando Pessoa e compõem sua personalidade contraditória e multiforme. Que Pessoa projeta e realiza neles tendências e qualidades pessoais, está dito na carta de 13 de janeiro de 1915 a Adolfo Casais Monteiro. Pessoa escreve: "E contudo – penso-o com tristeza – pus no Caeiro todo o meu poder de despersonalização dramática, pus em Ricardo Reis toda a minha disciplina mental, [...] pus em Álvaro de Campos toda a emoção que não dou nem a mim nem à vida".

Nada nos autoriza, porém, a afirmar que os heterônimos "são" Fernando Pessoa, uma vez que ele pensa diferente deles e, em certas questões, o contrário deles. Dou como exemplo a carta a Marinetti, datada de 1917, em que ele diz que "os sentidos só buscam a razão física, exterior, superficial e empírica", e não a razão metafísica, "que só se descobre pelo pensamento puro, numa pureza inteiramente emocional". Com essa afirmação, Pessoa nega de uma assentada tanto a visão de Caeiro ("pensar é não compreender") como a de Álvaro de Campos, cujo sistema está "baseado inteiramente nas sensações".

A adesão de Pessoa ao ocultismo contradiz inteiramente a visão olímpica de Ricardo Reis, como também a de Álvaro de Campos – voltado para o dinamismo da vida moderna – e a de Caeiro, para quem "o único sentido íntimo das coisas é elas não terem sentido oculto nenhum". Outras tantas divergências entre Pessoa e seus heterônimos estão nas respectivas concepções estéticas.

Diante dessas constatações, cabe perguntar: se os heterônimos não são expressão de situações existenciais específicas, dramáticas; se, portanto, não expressam visões contingentes ou geradas por situações próprias a eles (caso de Macbeth ou Hamlet) e, ao mesmo tempo, não expressam a visão de mundo de Fernando Pessoa, então por que ele os criou? Para contradizer-se? Para, por intermédio deles, manifestar suas contradições sem ter de assumi-las ou negá-las? Se não é por nenhuma dessas hipóteses, talvez reste apenas uma: ele os criou por razões poéticas, e não por razões filosóficas; por razões afetivas, emocionais, e não por razões lógicas. Criou-os para exercer as múltiplas virtualidades de seu talento, que mal cabiam numa só pessoa. E, por isso, mais correto seria chamá-lo – perdoem o trocadilho irresistível – Fernando Pessoas.

César Vallejo, o sopro novo

César Vallejo é o grande poeta nacional do Peru.
E não porque tenha escrito poemas de louvor à pátria peruana, exaltado seus feitos históricos e seus heróis. Pelo contrário, não se encontrará em nenhum poema de Vallejo, nem mesmo nos da fase que poderíamos chamar de *engagée*, qualquer referência direta ou indireta aos assuntos nacionais peruanos. Tampouco há em sua obra poética ocorrências temáticas de caráter regional ou localista. Nem indigenista. Não obstante, nenhum outro poeta do Peru é tão representativo dos sentimentos de seu povo, do seu modo de apreender e compreender a vida, quanto *el cholo Vallejo*, nascido na pequena cidade de Santiago de Chuco em 1892 e falecido em Paris em 1938.
Mas a significação de sua obra ultrapassa as fronteiras da literatura peruana para ocupar posição destacada no universo literário latino-americano. Muitos críticos

situam a sua poesia entre as manifestações mais arrojadas e ao mesmo tempo mais consistentes da poesia moderna em língua espanhola. Se não se pode dizer que foi ele o primeiro dos poetas latino-americanos a romper com os valores poéticos advindos do século XIX e a adotar a prosódia nova, é justo considerá-lo um dos pioneiros da nova poesia e, o que é mais importante, um de seus fundadores. Ou seja, ele não só foi sensível à necessidade de renovação, como soube compreendê-la em sua profundidade e transformá-la em expressão efetivamente criadora, efetivamente inovadora, superando assim a mera retórica da novidade.

Filho caçula de uma família de onze irmãos, mestiço (suas duas avós eram índias), aos vinte e um anos transferiu-se de Santiago de Chuco para Trujillo, onde estudou filosofia e letras, cursou direito e graduou-se em literatura com uma tese sobre a poesia romântica espanhola. Levava vida boêmia, trabalhava como professor e escrevia os poemas que iriam constituir o seu primeiro livro, *Los heraldos negros*, publicado em Lima, em 1918, quando para lá se transferiu.

Los heraldos negros, tornou-se um marco da poesia peruana. Se contém ele a lição de outros poetas da época, como Rubén Darío e Julio Herrera y Reissig, traz também a voz pessoal de um novo poeta, a marca de uma personalidade original. E não somente isso. Além desse timbre desconhecido que o livro inaugura na poesia peruana, inicia também, como observou Antenor Orrego, "una nueva época de la libertad, de la autonomía poética, de la vernácula articulación verbal".

Dois anos depois da publicação de *Los heraldos negros*, César Vallejo, envolvido numa situação kafkiana, de volta de uma viagem a sua cidade natal, é preso ao chegar a Lima, sob a acusação de assalto, incêndio, tentativa de homicídio, roubo e baderna. Passa vários meses no cárcere, de onde sai em 1921, marcado por uma experiência dolorosa e um novo conhecimento da realidade que o acompanharão pelo resto da vida. É a experiência da injustiça, do arbítrio, do desamparo do indivíduo em face do poder, mas também uma identificação maior, mais comovida e mais profunda com o homem marginalizado, tornado zero diante da sociedade.

No ano seguinte, 1922, Vallejo publica seu segundo livro de poemas – *Trilce* –, impresso na gráfica da mesma penitenciária onde esteve preso e em cujo cárcere escreveu parte do livro. Se *Los heraldos negros* foi "el orto de una nueva poesía en el Peru", conforme as palavras de José Carlos Mariátegui, *Trilce* é a ruptura definitiva com a literatura do passado, mesmo a sua, e a realização de uma poesia efetivamente nova, moderna e, até certo ponto, desconcertante.

Na introdução que escreveu para a edição cubana da *Obra poética completa* de César Vallejo (Casa de las Américas, La Habana, Cuba, 1970), Roberto Fernández Retamar considera correta a opinião de Xavier Abril acerca de influência de Mallarmé nos poemas de *Trilce*, e incorreta a de César Miró detectando ali influências surrealistas (já que o livro de Vallejo é anterior ao surgimento do movimento surrealista, que é de 1924), mas aceita um possível débito seu com respeito ao *ultraísmo* espanhol e o *creacionismo* de Vicente Huidobro. Observa, não obstante, com razão, que "Vallejo não leyó y asimiló escolarmente las novedades de la vanguardia, sino las vivió". E é isso certamente que explica por que os poemas de *Trilce* não se tornaram, como tantos poemas vanguardistas daquela época, meros textos datados, mas, pelo contrário, preservam o frescor e a qualidade da verdadeira poesia. É que Vallejo sabia distinguir com clareza o novo da novidade, conforme se vê pelo que escreveu em 1926 a respeito do tema: "Poesía nueva ha dado en llamarse a los versos cuyo léxico está formado de las palabras 'cinema, motor, caballos de fuerza, avión, radio, jazz band, telegrafía sin hilos', y, en general, de todas las voces de las ciencias e industrias contemporáneas, no importa que el léxico corresponda o no a una sensibilidad auténticamente nueva. Lo importante son las palabras". E conclui: "La poesía nueva a base de la sensibilidad nueva es, al contrario, simple y humana, y a primera vista se la tomaría por antigua e no atrae la atención sobre si es o no moderna".

Essas observações de Vallejo servem para denunciar não apenas a contrafação poética dos anos 1920, mas toda a contrafação que se estendeu ao longo das décadas, tentando falsear o verdadeiro caráter da poesia moderna, por contrapor à simplicidade e autenticidade, de que fala Vallejo, a obviedade constrangedora de palavras e procedimentos modernosos.

Em 1923, Vallejo deixa o Peru. Muda-se para Paris, onde viverá a maior parte dos derradeiros quinze anos de sua vida. Viajará para a Espanha e a União Soviética, conhecerá outros países europeus, mas nunca mais voltará a sua terra natal. Vive em Paris uma vida de privações, sem que isso venha quebrar-lhe a disposição de luta em favor das mudanças sociais. Entra para o Partido Comunista e participa do movimento em defesa da república espanhola agredida pelos fascistas. A essa fase de sua vida correspondem os poemas de conteúdo social e político mais evidente. Depois de sua morte foram editados os *Poemas humanos* (1923-1938), por Les Éditions de Presses Modernes (Paris, 1939), e *España, aparta de mí este cáliz* (México, 1940). A primeira edição das poesias completas de César Vallejo saiu pela editora Losada, de Buenos Aires, em 1949.

Se os poemas de *Los heraldos negros* foram, na época, o despontar de uma nova poesia no Peru, vistos à distância, agora, deixam talvez mais claro o seu ainda fundo comprometimento com os valores poéticos do simbolismo e com as tendências do começo do século. Há neles, sem dúvida, o sopro novo, um modo próprio de sentir e expressar a experiência vivida, mas é no livro seguinte, *Trilce*, que se dá a ruptura com aqueles valores e aquela linguagem, inaugurando Vallejo um caminho inusitado na poesia peruana e latino-americana. Com respeito ao livro anterior, tudo se renova: o vocabulário, a construção sintática, o sistema de metáforas e o modo de elaboração do poema. A atmosfera de *Los heraldos* é crepuscular e penetrada de culpa, como expressão de um cristianismo trágico que, se não se enquadra na visão católica convencional, vale-se de suas referências simbólicas: a comunhão, o pão nosso, a cruz, o Cristo, o cálice, o Jordão, o sangue do Senhor, os remorsos, o pecado, a pureza, etc. Em *Trilce*, tudo isso desaparece, para dar lugar a uma poesia atual, virgem, despojada da herança religiosa e acadêmica (ou tradicional), que busca e inventa novos códigos para formular a experiência. Fora da cultura, se possível. Só que não é possível. A cultura tradicional se substitui pela cultura "atual", moderna, mas que nele não se traduz, como se viu, na mera adoção de vocábulos da época. Vallejo vai mais fundo, usa palavras "cultas", mas antipoéticas, acopla inesperadamente imagens e ideias, contrariando a lógica do discurso, inverte noções de tempo e espaço, sem no entanto desligar-se do cotidiano, do vivido, da carga de existência e emoção que o constitui.

Não por acaso, o que segue de imediato a *Trilce* são poemas em prosa. É que a atitude antidiscursiva radical dos poemas conduz ao seu contrário: se a linguagem de *Trilce* quer ser "antipoética" – se o que o poeta produz ali são antipoemas –, é natural que ele chegue ao poema em prosa, ou seja, à prosa – o abandono do poema. A verdade, porém, é que o poema em prosa é ainda poema, e a prosa aí já não é prosa, é *proesia*... De qualquer modo, a atitude que produz os poemas de *Trilce*, por exasperada, tem de cessar, interromper-se. Os poemas de *Poemas en prosa* de Vallejo constituem essa pausa, essa suspensão de que ele necessita para, mais reflexivamente, mais fundamente, dar curso à experiência poética que se inicia após a ruptura com o passado.

Nascem os poemas que serão mais tarde reunidos sob o título (dado por ele) de *Poemas humanos*. Nestes, os traços fundamentais de *Trilce* (construção sintática "divergente", vocabulário inusitado, acoplagem de imagens e conceitos) se mantêm aliados a um discurso afim ao dos surrealistas, que elabora (e mistura) o banal e o surreal, numa alquimia que tem por base a materialidade da palavra. É essencialmente esse mesmo discurso que se prolonga até os poemas de sua última fase, cujo tema predominante é a tragédia espanhola da guerra civil, embora a presença de um referencial imediato (o tema político) induza a uma construção mais lógica, conceitualmente mais organizada.

No exílio, anos 1970.

Sobre o autor

Poeta, crítico de arte, dramaturgo, ensaísta, ficcionista e tradutor, Ferreira Gullar é considerado o maior poeta em atividade do Brasil. Nasceu José de Ribamar Ferreira, em São Luís do Maranhão, em 10 de setembro de 1930. Foi na adolescência que descobriu a poesia clássica e, em seguida, os poetas modernistas.

Em 1948, aos dezoito anos, para não ser confundido com um certo José Ribamar Pereira, cuja escrita tinha qualidade duvidosa, e porque Ribamar era nome bastante comum no Maranhão, passou a assinar Ferreira Gullar, usando o Ferreira do pai com uma versão inventada do Goulart da mãe. Aos dezenove, publicou seu primeiro livro, *Um pouco acima do chão*, considerado por ele imaturo, tanto que o excluiu do volume *Toda poesia*. Mudou-se para o Rio de Janeiro em 1951 e, em 1954, casou-se com Thereza Aragão, com quem teve três filhos: Paulo, Luciana e Marcos.

Gullar considera *A luta corporal*, de 1954, seu livro de estreia. Em 1955, publicou *O formigueiro*, época em que o poeta buscava romper com as tradicionais convenções poéticas e com a sintaxe. No início dos anos 1960, deixou a vanguarda para se dedicar à poesia politicamente engajada, ingressando no Centro Popular de Cultura (CPC) da União Nacional dos Estudantes (UNE). São dessa época as obras *João Boa-Morte: Cabra marcado para morrer* e *Quem matou Aparecida*.

Em 1º de abril de 1964, data do golpe militar, filiou-se ao Partido Comunista Brasileiro. Em 1971, ameaçado pela ditadura, decidiu partir para o exílio. Viveu em Moscou, Santiago do Chile, Lima e Buenos Aires. Exilado, colaborou com *O Pasquim*, sob o pseudônimo de Frederico Marques. É desse período o *Poema sujo*, escrito quando morava em Buenos Aires e considerado sua obra-prima. O longo poema, que reúne lembranças da vida no Maranhão e da política brasileira, foi gravado em uma fita cassete e trazido clandestinamente para o país por Vinicius de Moraes. O livro foi lançado em 1976, mas Gullar só voltaria ao Brasil em 1977.

Foi preso no dia seguinte de sua chegada ao Rio de Janeiro, sendo interrogado e ameaçado por três dias. Acabou solto graças ao esforço de amigos e por pressão internacional.

Além de ter sido indicado, em 2002, ao Prêmio Nobel de Literatura, Ferreira Gullar recebeu diversos prêmios, entre eles: dois Molière, pela peça *Se correr o bicho pega, se ficar o bicho come,* que escreveu em parceria com Oduvaldo Vianna Filho (1966), e pela tradução de *Cyrano de Bergerac*, de Edmond Rostand (1985); três Jabutis, por *Muitas vozes* (Poesia, 2000), *Resmungos* (Livro do Ano, 2007) e *Em alguma parte alguma* (Livro do Ano, 2011); o Prêmio Machado de Assis, da Academia Brasileira de Letras, pelo conjunto da obra (2005); e o mais importante das letras lusófonas, o Camões, em 2010.

Desde de 2014, ocupa a cadeira número 37 da Academia Brasileira de Letras, que tem como patrono o poeta e inconfidente mineiro Tomás Antônio Gonzaga.